Peter La...

Trennkost
vegetarisch

Köstlichkeiten aus der gesunden Küche
mit vielen Tricks, Ideen und Rezepten

Die neue Art des Essens

1. Auflage August 1998
2. Auflage März 1999
3. Auflage Okt. 2009

Titelbild von Stine

Gesamtherstellung: RiWei-Verlagsdruckerei

© RiWei-Verlag GmbH
Postfach 20 04 54
93063 Regensburg
Tel. 0941 / 799 45 70
Fax. 0941 / 799 45 72
EMail: info@riwei-verlag.de
Webseite: www.riwei-verlag.de
Shop: www.urteilchen.de

ISBN 978-3-89758-271-2

Inhaltsverzeichnis

Vorwort

Es hat lange gedauert, bis ich meinen Mann davon überzeugen konnte, daß er wie ein wahrer Zauberkünstler kocht.
Aber meine Entzückensschreie, wenn er wieder mal ein besonders brillantes Gericht "für mich" gekocht hatte, ließen ihn im Laufe der Zeit doch nicht unberührt. Hatte er hingegen widerwillig oder unlustig gekocht, zeigte ich ihm ebenso deutlich, wie wenig ich sein Essen mochte. Ich zeigte ihm immer welches Essen mich erreichte und welches mich im wahrsten Sinne des Wortes "kalt" ließ.

Und je mehr Zutrauen Peter zu seinem wirklich großen Talent bekam, um so mehr entwickelte sich sein Feingefühl für die vielfältigen Zusammenstellungen von Gemüsen, Salaten, Gewürzen und Kräutern usw. und er verstand es immer besser auch all seine Sinne für die Kochkunst einzusetzen. Auch sein Entdeckergeist, den er auch auf anderen Gebieten hat und seine Experimentierfreude standen ihm dabei zur Seite.

Gleichzeitig entwickelte Peter einen sehr sensiblen Umgang mit der Natur, was ihm natürlich beim Kochen sehr zu Gute kam.
Das Erfordernis, immer wieder für viele Menschen zu kochen, weckte in ihm seinen Ehrgeiz, auch bei anderen Menschen diese Entzückensschreie hervorzurufen.
Das Ergebnis finde ich einmalig.

Das Buch ist dadurch wesentlich mehr als eine Ansammlung von ausgesuchten Rezepten. Peter lüftet viele Geheimnisse seiner Kunst und zeigt sehr anschaulich auf, wie das Kochen auch zur Bewußtseinserweiterung benutzt werden kann. Das ist natürlich ganz in meinem Sinne und ich freue mich daher sehr, daß Peter sich endlich Zeit für dieses Werk (hoffentlich nicht sein letztes) genommen hat.

Ich wünsche mir sehr, daß ich immer an seiner Seite schmausen kann, daß wir vielleicht sogar eines Tages gemeinsam ein Lokal betreiben und daß Peter noch vielen Menschen zeigt, daß Kochen nicht ausschließlich etwas für Hausfrauen ist, sondern JEDER mit Essen einen neuen Umgang finden kann, der ihn und alle seine Mit-Esser befriedigt.

Dieses Mehr an Befriedigung wird an keinem Menschen spurlos vorübergehen.

Nina Larisch-Haider

Einleitung

Letzte Woche habe ich eine erschütternde Meldung im Radio gehört: Eine Uni (ich glaube, die in Hannover war's,) hat herausgefunden, daß sage und schreibe 80 % aller Krankheiten ernährungsbedingt sind. Das muß man sich einmal vorstellen: Wenn alle Menschen sich gesund anstatt krank essen würden, wären unsere Krankenhäuser gähnend leer, vier Betten leer, im fünften liegt dann halt jemand, der sich den Fuß gebrochen hat. Natürlich geht es dem dann blendend, da seine Krankenschwester irrsinnig viel Zeit für ihn hätte. Da derjenige dann auch gesund ernährt wäre, würde sein Bruch rasend schnell heilen. Und die Ärzte würden im OP Skat spielen, bis vielleicht einmal wieder jemand operiert werden muß... und etwas realistischeren Zeitgenossen möchte ich vor Augen führen, daß sie dann nur noch ein fünftel für ihre Krankenkasse ausgeben müßten. Ganz abgesehen davon, um wieviel schöner es sich in einem vitalen, gesunden und frischen Körper lebt.

Aber, liebe Leser, ich höre vor meinem geistigen Ohr schon den Chor eurer Einwände:
"Hilfe, mein einziger Genuß geht flöten, wenn ich nur noch Salat und Möhrchen esse, kann ich mich ja gleich aufhängen, man gönnt sich ja sonst nichts, man lebt nur einmal, ich bin doch keine Kuh", und so weiter und so fort.

Genau das war auch unser Problem: Während meine Frau eifrig in Richtung Gesundheit voranschritt, wollte ich auf keinen meiner Genüsse verzichten und hielt Leberkäse und Weißwürsten die Stange. Bis ich dann bei meiner Frau doch erstrebenswerte Veränderungen bemerkte und mich eben falls für eine bewußtere Ernährung entschied. Die Aussicht allerdings, jetzt nicht mehr nach jedem beliebigen Essen greifen zu können, stimmte mich düster. Solche elementaren Notsituationen machen erfinderisch: Gekocht habe ich schon immer gerne, aber jetzt wurde ich wahrlich kreativ, wobei mir die Gaumen meiner Frau und meiner sonstigen Tischgenossen die wichtigsten Lehrmeister waren. Und weil mich die meisten unserer vielen Gäste nach meinen Rezepten gefragt haben, sitze ich jetzt hier und schreibe.

Was ich euch vermitteln will, ist ein neuer, bewußter Zugang zum Essen. Die meisten Menschen, auch wenn sie schon Rentner sind, essen immer noch das am liebsten, was ihnen ihre Mama gekocht hat. Und während die Herren der Schöpfung ihrem Auto nur das allerfeinste und beste Motoröl geben, die Damen ihren Fältchen nur erlesenste Cremes zumuten, schütten und stopfen sie in sich selbst alles hinein, was nur einigermaßen gut aussieht, egal, ob die betreffenden Tomaten nur im Reagenzglas groß geworden sind und nie einen Krümel Erde gesehen haben, ob die Schweine, die sie scheibchenweise in sich hineinschieben, Antibiotika-Friedhöfe sind, ganz zu schweigen von Rinderwahn, Gentechnik, Tiertransporten, gehärteten Fetten und und und.

Wir haben einige wichtige Grundsätze für eine lebensförderliche Ernährung herausgefunden, auf die ich im ersten Kapitel genauer eingehen will. Meine Rezepte berücksichtigen diese Grundsätze. Ich rate euch jedoch, nicht nur nachzukochen, was ich aufgeschrieben habe, sondern euch auch von meinem Spaß am Kreativsein anstecken zu lassen. Und vor allen Dingen: erlaubt euch einmal, eure althergebrachte Ernährung in Frage zu stellen. Eine Änderung der Eßgewohnheiten ist erst mal ein gewisser Aufwand, man muß aus seiner Routine ausbrechen, und man muß besser für sich sorgen, da dann nicht mehr jede schmuddelige Pommesbude zur Nahrungsaufnahme taugt. Aber ihr werdet sehen, es lohnt sich: Mehr Gesundheit heißt ja nicht nur weniger Operationen oder Abwesenheit von Krankheiten. Es heißt auch: mehr Energie, mehr Leichtigkeit, mehr Freude, mehr Leben! Und dafür sollte sich das Aufgeben einiger fragwürdigen Eßgewohnheiten schon lohnen, zumal man sich die alten Genüsse, die ein Gefühl der Dumpfheit und Schwere hinterlassen, durch andere ersetzen kann, die diese Nebenwirkungen nicht haben.

Wichtige Essensgrundsätze

Die kulinarische Vergangenheit der letzten 15 Jahre unserer Lebensgemeinschaft war sehr turbulent: Die erste Zeit ging es uns nur um optimalen Genuß. Das Ergebnis könnt ihr euch ja vorstellen: Genuß ja, aber mit Folgen, die bei jedem anders waren: Bei mir ständig Magenkrämpfe, bei Nina häufige Gallenkoliken, andere wurden fett und fetter, hatten viele Erkältungen, und alle fühlten wir uns häufig einfach nur träge, träge, träge. Nächstes Ziel der Ernährung: wieder abzunehmen. Die Betroffenen probierten also verschiedene Diäten aus, bei denen in einer so solidarischen Gruppe, wie wir es waren, natürlich alle mitmachen mußten. Ich habe noch prägende Erinnerungen an diese Zeit, zum Beispiel wie ich den halben Tag Ananas schäle, und dann vom Essen eine völlig entzündete Zunge habe. All diese Experimente stärkten in mir erst einmal die allgemein verbreitete Haltung: Ich esse, was mir schmeckt.

Die erste Ernährungsweise, die ich dann auch als Gewinn erfahren habe, war Trennkost nach Diamond zu essen, dessen Buch "Fit für's Leben" ich euch nur empfehlen kann. (Wenn's euch allerdings nicht interessiert, braucht ihr es nicht zu lesen, die wichtigsten Grundsätze erkläre ich euch im folgenden Kapitel.)

Dann werde ich noch auf eine der schädlichsten Drogen unserer Zeit eingehen. Es ist nicht Heroin, nicht einmal Alkohol oder Nikotin, sondern: Zucker!

Des weiteren widme ich mich noch der Frage, ob es sinnvoll ist, tote Tiere zu essen, oder, anders ausgedrückt: leben Vegetarier gesünder, oder vielleicht anständiger?

Nach ein paar weiteren Betrachtungen zu verschiedenen Lebensmitteln wird es am Schluß dieses Buchabschnittes vielleicht etwas mystisch, aber dennoch finde ich die Frage, wie der Geist des

Kochs ins Essen spielt, sehr spannend.

Wenn ihr kocht, solltet ihr das nicht nur als Mittel zum Zweck sehen, um halt zu einer gesunden, guten Mahlzeit zu kommen. Seht es auch als Ausdruck eures Ichs, schaut euch selbst über die Schultern, mit wieviel Freude, mit wieviel Widerstand und/oder Kreativität ihr euch ans Werk macht. Denn so, wie ihr in der Küche seid, seid ihr auch im sonstigen Leben. Und wenn ihr auf diese Entdeckungsreise geht, habt ihr am Ende doppelten Lohn: Ihr erfahrt euch und wachst dadurch, und euer Essen unterstützt euch viel mehr in eurer Vitalität und Gesundheit – und schmeckt obendrein noch viel besser.

Trennkost nach Diamond

Trennkost ist keine Diät, sondern eine neue Ernährungsweise, bei der man lediglich vorwiegend kohlehydrathaltige und vorwiegend eiweißhaltige Speisen trennt, d.h., nicht in einer einzelnen Mahlzeit vermischt. Der Grund hierfür ist, daß der Körper nicht beide Nahrungsarten auf einmal verdauen kann. Somit bleibt Mischkost sehr lange im Magen und gerät anstatt in einen Verdauungs- in einen Verwesungsprozeß, was die entsprechenden Gefühle im Bauch beinhaltet. Deshalb sind zum Beispiel Linsen schwer verdaulich: Sie enthalten sowohl Eiweiß als auch Kohlehydrate.

Trennkost zu essen hilft einem, sich auch nach dem Essen ganz leicht und wach zu fühlen. Außerdem nimmt man dabei nicht zu, im Gegenteil, die meisten Menschen finden nach einiger Zeit zu ihrem idealen Gewicht zurück. Ihr meint, das muß fürchterlich kompliziert sein? Ist es nicht, wenn man erst mal weiß, welche Speisen vorwiegend eiweiß- und welche vorwiegend kohlehydrathaltig sind. Nachfolgende Tabelle soll euch darüber Aufschluß geben:

eiweißhaltig	kohlehydrathaltig
alle Fleischsorten	Reis, alle Getreide und
alle Fischsorten, einschl.	Scheingetreide wie Hirse,
Meeresfrüchte wie	Quinoa, Amaranth, dehalb
Tintenfisch, Scampi etc.	auch Brot, Kuchen, Pfann-
Milch, Milchprodukte wie	kuchen
Käse, Joghurt etc.	Kartoffeln und deren Er-
Hülsenfrüchte wie Bohnen,	Zeugnisse wie Pommes
Soja, Tofuerzeugnisse	Frites, Knödel, etc.

Alles andere wie Gemüse, Salate, Gewürze und Fette (auch Butter, Sahne und Sauerrahm, obwohl sie Milchprodukte sind), gehört keiner der beiden Kategorien an und kann sowohl mit Eiweiß als auch mit Kohlehydraten kombiniert werden. Zum Beispiel: Salat könnt ihr mit Käse kombinieren, oder ihr eßt Salat auf's Brot. Aber: Finger weg vom Käsebrot!

Wichtig: Nie zwei verschieden Eiweißsorten kombinieren wie Fleisch mit Käse!

Also, ihr seht, das ist gar nicht so kompliziert, wie es aussieht. Demnach kann man also nach wie vor alles essen, nur nicht mehr alles auf einmal: Käse mit Salat, mit Gemüse, warm oder kalt, geht schon. Auf Euer Käsebrot, das noch stundenlang im Magen vergammelt und einem das schöne, dumpfe pappsatt-Völlegefühl macht, solltet ihr verzichten, ebenso auf Schweinebraten mit Knödel, Fisch mit Kartoffeln und viele andere traditionelle Magenschwinger. Wenn ihr schon Fleisch oder Fisch essen wollt, dann kombiniert es nur mit Gemüse oder Salat, und ihr werdet staunen, wie leicht ihr euch nach dem Essen vom Stuhle erhebt!

Eine weitere Sonderrolle bei den Lebensmitteln spielt Obst: Es passiert den Magen sehr schnell, in ca. 30 Minuten, ist also im allgemeinen leicht verdaulich. Obst sollte allerdings nie mit anderen Nahrungsmitteln gemischt werden. Es bleibt dann nämlich so lange im Magen wie die anderen Nahrungsmittel, im allgemeinen mehrere Stunden. Dabei fängt es im Magen zu gären an, verliert dabei seine Vitamine und kann euch auch einige andere Unannehmlichkeiten bereiten.

Also, nochmal zusammengefaßt: Entweder ein Eiweiß oder ein oder mehrere Kohlehydrate, jeweils mit Gemüse oder Salat. Oder, wenn ihr etwas leicht verdauliches braucht, Obst.

Damit sich der Magen nach einer eiweißhaltigen Mahlzeit wieder entleert, braucht er in der Regel 4 Stunden. In dieser Zeit solltet ihr nichts essen. Die Wartezeit nach Kohlehydraten beträgt 3 Stunden, nach Obst 30, nach Trockenobst 45 Minuten.

Trinken solltet ihr immer spätestens 10 Minuten vor dem Essen, nach dem Essen eineinhalb Stunden möglichst nicht, da sonst die Verdauungssäfte verdünnt werden, was die Verdauung wieder erschwert.

Dann hat Herr Diamond noch eine weitere Entdeckung gemacht, die die Chinesen allerdings schon vor zweitausendfünfhundert Jahren kannten: Der Körper funktioniert nach einer inneren Uhr und durchläuft tagtäglich drei Hauptphasen:
Von 12 - 20 Uhr ist er bereit für die Nahrungsaufnahme. In dieser Zeit sollte man essen. Da man allerdings mit vollem Magen oder Bauch nicht gut schläft, sollte man in der Praxis nur bis 18 Uhr essen.
Dann, von 20 Uhr bis 4 Uhr früh, kommt die Phase der Nahrungsverwertung: Der Körper transportiert alles lebensnotwendige zu den Zellen, baut auf, um etc. Dabei stört es den Körper sehr, wenn er sich außerdem mit Verdauung beschäftigen muß.
Von 4 Uhr bis 12 Uhr ist die Entgiftungs- und Ausscheidungsphase. Der Körper reinigt sich. Auch in dieser Zeit sollte man sich nicht mit Essen belasten, sonst muß der Körper Verdauungsarbeit leisten und reinigt sich dadurch nicht mehr. Deshalb ist die einzig sinnvolle Art des Frühstückens Obst oder Obstsäfte zu sich zu nehmen, oder gar nichts zu essen.

Nachdem wir uns an diese Art des Essens einmal gewöhnt hatten, kam sie uns ganz natürlich vor, und wir konnten spüren, wie sich unsere Körper immer mehr reinigten und wir gesünder wurden und ein leichteres Lebensgefühl bekamen.

Zucker

Lächerlich, werden viele von Euch sagen: "Was soll denn schon mit dem Zucker sein! Das ist doch wirklich das Harmloseste, was es gibt! Den laß ich mir nicht nehmen!" Wenn ihr jetzt noch so was wie leichten Ärger oder Trotz spürt, seid ihr schon ertappt: Ihr habt Angst, daß euch eine Droge entzogen wird, die ihr glaubt, zu brauchen!

Aber mal von Anfang an: Zucker kommt in vielen Nahrungsmitteln vor, in Obst, Gemüse und Milch zum Beispiel. Zucker ist eine Form von schnell verwertbarem Kohlehydrat, der Körper muß wenig Verdauungsarbeit leisten, um zu neuer Energie zu kommen. Aber wir brauchen Zucker im Essen überhaupt nicht, denn normalerweise gewinnt der Körper Zucker aus anderen Kohlehydraten.

Es ist allerdings so, daß der Körper immer eine ganz bestimmte Konzentration von Zucker im Blut braucht. Reguliert wird der Blutzuckerspiegel durch die Bauchspeicheldrüse über das Hormon "Insulin", von dem jeder Diabetiker, d.h. Zuckerkranker, ein Liedchen singen kann. Ein zu hoher Blutzuckerspiegel führt ebenso sofort zu Komplikationen wie ein zu niedriger. Wenn man also zuviel Zucker ißt, braucht der Körper sehr viel Energie, um dieses Überangebot an Zucker zu neutralisieren. Außerdem benötigt Zucker, um verdaut zu werden, viele Vitamine. Wenn ihr nun etwa Schokolade oder irgend etwas anderes mit raffiniertem Zucker und wenig Vitaminen eßt, muß der Körper auf seine eigenen Vitamin-Reserven zurückgreifen. Das zehrt sehr aus, und der vermeintliche Überschuß erzeugt Mangelerscheinungen. Im Gegensatz zum natürlichen, fruchteigenen Zucker: Zum einen ist da die Dosis wesentlich kleiner, zum anderen liefert die Natur die zur Verdauung nötigen Vitamine gleich mit.

Unser Körper hat sich in einer Zeitspanne von Jahrtausenden an ein bestimmtes Nahrungsangebot angepaßt. In diesem Nahrungsangebot gab es auch schon immer Zucker, aber immer nur wenig:

den Zucker in einem Apfel, einer Möhre (die schmecken ja auch süß), oder in Getreide. Und dieser Zucker war immer kombiniert mit einer Menge unterschiedlicher Vitamine. Auch Honig war sehr selten, die moderne Imkerei wurde erst in den letzten 200 Jahren entwickelt, davor war auch Honig ein Luxusgut und wurde vor allem zur Heilung eingesetzt.

Erstmals im Barock gab es raffinierten Zucker: Der wurde aus dem vorderen Orient importiert, war so teuer wie bei uns heute Drogen, und er wurde nur bei Festen der Superreichen als Aphrodisiakum konsumiert. Nicht-Adlige Menschen kamen sicher nie damit in Berührung, und auch sehr betuchte Adlige waren damals noch kaum in Gefahr, zuckersüchtig zu werden.

Zucker als Massenware ist ein Industrieprodukt: Erst in diesem Jahrhundert wurde Zucker aus verschiedenen Pflanzen in großem Stil extrahiert. Als optimale Zuckerlieferanten erwiesen sich bei uns die Zuckerrübe, in wesentlich wärmeren Ländern das Zuckerrohr. Erst durch das industrielle Raffinieren von Zucker wurde es möglich, Speisen immer mehr zu süßen, ohne die zur Verdauung nötigen Vitamine mitzuliefern. Man hat ausgerechnet, daß ein durchschnittlicher Mensch heute etwa hundert mal so viel Zucker zu sich nimmt, wie noch vor hundert Jahren. Mit so einem Überangebot war unser Körper im Laufe seiner Evolution noch nie konfrontiert, weshalb er sich nicht richtig wehren kann und viel zu spät Grenzen setzt.

Da die Lebensmittelkonzerne in Konkurrenz stehen, wird immer das Produkt gekauft, das den Konsumenten am besten schmeckt. Und dabei hat sich erwiesen, daß die meisten Menschen einfach nach dem süßeren Produkt greifen. Also überbieten sich unsere Lebensmittelhersteller in ihrer "Zuckerdosis". Das bezieht sich dann nicht nur auf Schokolade, sondern auch auf Ketchup, Majonaise, Fertigsuppen, Limonaden, Chips und und und. Wenn es euch interessiert, dann lest doch mal im Supermarkt die kleingedruckte Liste mit den Inhaltsstoffen, und ihr werdet staunen, wo er überall versteckt zugesetzt wird: Fast überall, von der Fischkonserve bis zum "Bio"-Müsli, vom Obstsalat in Dosen bis zum Hamburger und Katzenfutter! Selbst in Würsten findet man ihn!

Die Folgen des überhöhten Zuckergenusses sind fatal: Die Bauchspeicheldrüse wird überstrapaziert, da sie Unmengen an Insulin produzieren muß, um den Blutzuckerspiegel zu neutralisieren. Dann wird der gesamte Körper sauer: Das bildet den Nährboden für Pilze aller Art, und die Folgen eines Befalls, zum Beispiel mit Candida-Pilzen, sind mannigfaltig und gravierend: Energieeinbrüche, Haarausfall, Gedächtnis- und Denkschwäche, Trägheit, Organschwächen, um nur einiges zu nennen. Das ist aber noch nicht alles: Da auch der Speichel im Mund sauer wird, weicht dieser den Zahnschmelz auf, außerdem gedeihen Kariesbakterien im sauren Milieu am besten, was dann erst Karies ermöglicht. Das verschafft unseren Zahnärzten Milliardenumsätze!

Spätestens dann, wenn ihr versucht, Eure Torten, Schokoladen und Zuckerstücke im Kaffee wegzulassen, werdet ihr merken, daß es doch eine Droge ist: Wie euch euer Leckerli nach dem kleinen Frust oder vor der kleinen Angst, bei der kleinen Einsamkeit oder beim kleinen Schmusehunger fehlt!

Trotzdem rate ich euch, den Schritt zu wagen: belohnt und verhätschelt euch lieber mit gesunden Sachen, mit Blumen, Telefonaten oder Zeitschriften oder echter Zärtlichkeit.
Ziemlich bald werdet ihr feststellen, wie ihr mehr Energie bekommt, mehr fühlt, allgemein gesünder werdet, aber auch, um auf's Essen zurückzukommen, wie euer Geschmackssinn wieder viel sensibler wird.

Wie man beim Kochen Zucker umgehen kann, werde ich in diesem Buch zeigen!

Weizen

Keine Angst, über den Weizen werde ich mich nicht so ausgiebig auslassen wie über Zucker. Nur so viel:
Weizen ist ein überzüchtetes Getreide, das, im Verhältnis zu seinem hohen Stärkeanteil, sehr wenig Vitamine hat. Das bedeutet, daß der Körper durch Weizenmehl zwar "Kalorien" erhält, aber nicht die zum Leben nötigen Vitamine und Mineralien. Das gilt auch für Bio-Weizen.
Dann ist Weizen aufgrund seiner Überzüchtung sehr pilz- anfällig, weshalb er häufig und stark gespritzt wird, manchmal bis unmittelbar vor der Ernte.

Also rate ich euch ab, Weizen in jeder Form zu euch zu nehmen. Er ist in fast allen Fällen durch Dinkel ersetzbar, der ja die Urform von Weizen ist, aber einen viel größeren Vitaminanteil hat, und zwar auch im Korn, nicht nur unter der Haut, wie Weizen, so daß auch weißes Dinkelmehl ernährungsphysioligisch wertvoll ist (im Gegensatz zu weißem Weizenmehl, das außer Stärke fast nichts mehr beinhaltet)
.

Die einzige Hürde, die sich aus dem Verzicht auf Weizen ergibt, ist, daß ihr nicht mehr alles wahllos einkaufen könnt. Weizenfreie Dinkelsemmeln gibt es fast nur im Naturkostladen, und eure Pizzeria könnt ihr wahrscheinlich vergessen, oder ihr leiert dort die Produktion von Dinkelpizzas an.

Ihr seht also: Der wesentliche Schritt in eine lebensförderliche Ernährung ist die Überwindung der eigenen Trägheit: Ihr müßt für eure Ernährung aktiv werden, neue Möglichkeiten finden, andere überzeugen, alte Gewohnheiten aufgeben und neue Wege suchen. Das ist übrigens in allen Bereichen des Lebens so: auch eine bewußte Beziehung zu führen ist erst einmal ungewohnt und aufwendig, es erfordert genau die obigen Qualitäten.
Trotzdem werdet ihr sehen, wenn ihr euch darauf einlaßt, daß sich

diese Mühe lohnt:

Ihr werdet energievoller, freudiger, gefühlvoller und lebendiger. Unterstützen wird euch wiederum mein Buch: Meine gesamten Rezepte werden ohne Weizen sein.

Fleisch - ja oder nein?

Auf diese Frage weiß ich keine eindeutige Antwort. Aber ich möchte euch dazu einige Denkanstöße geben:
Ich sitze gerade hier am Fenster und sehe ein paar Kühe mit einem Kälbchen auf einer Weide. Die meiste Zeit zupfen sie am Gras herum, fressen, oder liegen irgendwo herum. Dann macht das Kälbchen ein paar ausgelassene Galoppsprünge, die Mutter rennt hinterher. Wenn dann mal ein Auto kommt, versteckt sich das Kälbchen ängstlich hinter "Mama", bis die "Gefahr" vorbei ist. Dann zupfen sie weiter genüßlich an ihrer Wiese herum.
Das durchschnittliche Leben einer Kuh sieht allerdings anders aus: Kurz nach der Geburt wird es der Mutter entrissen, alleine irgendwo an eine Betonmauer angekettet, jedem Bewegungsdrang zum Trotz. Tageslicht sieht es sein ganzes Leben nicht, Bewegung wird verhindert durch Ketten und Gitter, selbst der Schwanz wird hochgebunden. Später, wenn es groß ist, wird sogar der Vorgang des Begattens durch eine Maschine erledigt. Dann, wenn die geschundene Kreatur doch einmal Tageslicht erblickt, ist es der Tag, an dem sie mit Elektroschocks auf einen Lastwagen geprügelt wird, um nach ein paar Stunden oder Tagen quälender Fahrt in Hitze oder Kälte getötet zu werden, falls das dann noch nötig ist. Ganz abgesehen von moralischen Bedenken: Wollt ihr das Fleisch einer solchen Kreatur essen?
Ich jedenfalls verzichte. Nicht nur, weil ich diese Folter nicht durch den Kauf des Fleisches unterstützen will, sondern auch, weil ich glaube, daß dieses Leiden als Information im Fleisch enthalten ist. Und wie soll sich mein Körper frei und kräftig fühlen, wenn er ein derartiges Leidenspotential in sich aufnimmt?

Also, wenn ich schon Fleisch esse, was ich ab und zu tue (allerdings nur Geflügel), dann schaue ich sehr genau, wo es herkommt. Ich frage nicht nur, ob da noch Antibiotika drin sind, sondern auch: Hatte dieses Tier, wenn es schon für mich sterben mußte, wenigstens ein lebenswertes Leben? Und das setzt für jedes Tier eine minimale Freiheit in Form von Auslauf, Kontakten unter seinesgleichen und Natur voraus. Ferner lehne ich Fleisch von Tieren ab, die mit irgendwelchen Drogen behandelt wurden, sei es zur Wachstumsförderung, zum Ruhigstellen oder zu sonstigen Zwecken. Für mich ist nicht nur Nachbar´s Lumpi oder meine Lieblingskatze Lola ein Lebewesen mit einem schützenswerten Leben, sondern genauso jede Kuh, jedes Huhn und jedes Schwein, welche sich nur dadurch von Lola unterscheiden, daß sie keiner liebhat.

Ich kann allerdings auch nicht zu hundert Prozent vom Fleischverzehr abraten: Manche Menschen brauchen Fleisch, das bestimmte B-Vitamine enthält, die in Pflanzen nicht vorkommen. Was allerdings sicher ist, daß die heutige Manie, täglich Fleisch zu essen, unnatürlich ist. Daß die meisten Menschen so nach Fleisch verlangen, hängt für mich zum großen Teil mit Gewohnheiten zusammen.
Ein anderer Aspekt ist, daß Menschen sich reich fühlen, wenn sie sich jeden Tag Fleisch leisten können. Was diese Menschen noch nicht überrissen haben, ist die Tatsache, daß Fleisch nur in der "guten alten Zeit" ein Luxusartikel war, den sich die meisten Menschen höchstens einmal in der Woche gönnen konnten. Das war selbst bei meinen bäuerlichen Vorfahren so, die ja direkt an der Quelle saßen.

Eine weiterer Aspekt für den immer noch extrem hohen Fleischkonsum in Deutschland ist folgender: häufiger Fleischgenuß macht ein bestimmtes Lebensgefühl, der Körper wird etwas kräftiger, man fühlt sich unberührbarer und aggressiver, wodurch man sich dann stärker vorkommt. Das gibt einem ein Gefühl von Macht. In Wirklichkeit jedoch wird der Körper durch überhöhten Fleischkonsum sowohl sauer, was wiederum den Boden für alle möglichen Krankheiten bereitet, als auch undurchlässiger, was sich dann auch in mangelnder Sensibilität niederschlägt. Man spürt die feinen Regungen nicht mehr so, weder bei sich, noch bei anderen, noch in der Natur. Es gibt in Bayern nicht umsonst das

Bild vom völlig unsensiblen, Schweinshaxn-verzehrenden, groben Mann. Und Menschen, die ihre Sensibilität nicht mehr zur Verfügung haben, sind viel leichter manipulierbar, da sie nicht mehr so von ihrem Gefühl geleitet sind. Deshalb halte ich häufiges Fleisch-essen und vielleicht noch Alkohol-trinken für eine direkte Voraussetzung für unsere konforme Leistungsgesellschaft, in der der Mensch an sich immer weniger Wert hat.

Wenig oder kein Fleisch zu essen hat für mich auch noch einen ökologischen Aspekt: Um einen Menschen von Fleisch zu ernähren, braucht man die drei bis vierfache Menge an Anbaufläche (für Tierfutter), wie wenn dieser Mensch vegetarisch leben würde. Würden z. B. fast alle Menschen hauptsächlich vegetarisch leben, müßte niemand mehr auf unserer Erde hungern, die Erdbevölkerung könnte sogar noch zunehmen.

Ein weiterer wichtiger Grund für überhöhten Fleischgenuß bei uns ist wohl die traditionell deutsche (und österreichische) Art, Gemüse zuzubereiten: Erst mal mindestens ein halbes Jahr einfrieren um ihm jede Lebendigkeit zu nehmen, dann möglichst lange in möglichst viel Wasser möglichst allen Geschmack nebst den restlichen Vitaminen rauskochen und das Ganze dann mit einem viertel Gramm Petersilie und einem Fips Butter servieren. Da muß man ja Fleisch essen, da es sonst nichts gescheites gibt.
Mit meinem Buch möchte ich euch auch zeigen, daß Gemüse viel befriedigender und vielfältiger sein kann als Fleisch.

Sonstiges zu sinnvoller Ernährung

Wir haben uns noch mit ein paar anderen Fragen beschäftigt, zum Beispiel mit dem hochgelobten **Knoblauch:**
Ist er wirklich so gesund, oder ist er nur eine Modeerscheinung? Und warum wird er von vielen spirituellen Gemeinschaften in Indien und Japan verboten? Hier das, was wir herausgefunden haben:

1. Knoblauch ist einerseits gesund: Er verdünnt das Blut und beugt auf diese Weise der Verkalkung der Adern vor, er senkt also das Risiko von Herzinfarkt oder Gehirnschlägen bei Menschen, die dickes Blut haben, das wiederum eine Folge schlechter Ernährung ist. Knoblauch hilft also gegen Schwierigkeiten, die man mit einer bewußten Ernährung gar nicht hat.
2. Alle Zwiebelgewächse trüben das Bewußtsein. Ich konnte das schon selbst feststellen, als ich noch Knoblauch en masse gegessen habe: Nach einigen rohen Zehen fühlte ich mich ähnlich benebelt wie nach Biergenuß.

Außerdem stinkt Knoblauch. Ich finde es widerlich, beispielsweise in einem vollbesetzten Bus zu sitzen, in dem die Luft eh schon schlecht ist, wenn einem dann noch die würgenden Wolken halbverdauten Knoblauchs entgegenschlagen.

Also: Ich vermeide Knoblauch kategorisch, andere Zwiebelgewächse meistens. Allerdings verwende ich zu Wildpilzen Zwiebeln und zu anderen Gerichten immer wieder angebratenen Lauch. Der schmeckt super und gibt ein herzhaftes Aroma. (Und er soll die sexuelle Aktivität bei Männlein und Weiblein stärken.)
Ein weiteres, problematisches Lebensmittel ist das **Salz:**
Ein bißchen davon braucht der Mensch, aber wir essen wahrscheinlich alle viel zuviel davon. Dadurch neigt der Körper zum

Einlagern von Wasser. Die Nieren können nicht mehr genügend Wasser ausscheiden, was die ganze Entgiftung behindert.

Außerdem ist Salz ein Konservierungsmittel und verlangsamt dadurch die Verdauung. Aber Nahrung soll ja im Körper nicht möglichst lange gehalten, sondern möglichst schnell verwertet werden.

Andererseits sind die meisten Menschen an zu viel Salz gewöhnt, und wenn man ihnen dann salzarme Kost vorsetzt, beschweren sie sich sofort über zu fades Essen. Man braucht eine Weile, um sich an salzärmere Kost zu gewöhnen, aber dann schmeckt man die Geschmacksvielfalt der verschiedenen Gerichte viel intensiver. Den "Geschmack" sollte man nie mit Salz ins Essen bringen, sondern mit Kräutern und Gewürzen. Diese haben oft sogar eine verdauungsfördernde Wirkung. Genaueres darüber im Kapitel "Gewürze und Kräuter" auf S. 57 ff.

Ebenfalls belastend für den Körper sind **Fette**. Zunächst einmal verlangsamen sie ebenso die Verdauung, die Lebensmittel bleiben viel länger im Magen und Darm, dadurch verwesen sie mehr, als daß sie verdaut werden. Deswegen kann der Körper viele Vitamine und Spurenelemente nicht mehr nutzen.

Was Fett mit Salz und Zucker gemeinsam hat, ist, daß der Körper beim Essen nicht weiß, wann er genug davon hat. Im Gegenteil: Bei fetten Speisen hat man erst einmal das Gefühl, daß sie super schmecken und daß man so richtig reinhauen möchte. Schwierigkeiten bekommt man vielleicht am nächsten Tag in Form einer Gallen- oder Leberstörung, oder oft erst nach etlichen Jahren, vor allem wenn man jung ist.

Es ist in der Tat so, daß sich viele falsche Ernährungsgewohnheiten erst nach Jahrzehnten zeigen, aber dann kräftig: Das Immunsstem ist geschwächt, man wird anfällig für alle möglichen Infektionskrankheiten, man kann von allen möglichen Allergien befallen werden, die mit der Ernährung dann gar nichts mehr zu tun zu haben scheinen. Im Endstadion heißen die Symptome dann

zum Beispiel: Darmerkrankungen, Magengeschwüre, Krampf-
adern, oder sogar Herzinfarkt, Schlaganfall und Krebs.

Aber zurück zum Fett:
Zunächst sollte man natürlich sparsam damit umgehen. Außerdem
gibt es gravierende Unterschiede zwischen den verschiedenen
Fetten: Da sind zum einen die industriell gehärteten Fette: Diese
haben fast ausschließlich gesättigte Fettsäuren, sind dadurch sehr
schwer verdaulich und haben die starke Tendenz, sich in den Ge-
fäßen und sonstwo im Körper abzulagern. Also: Finger weg davon, kauft nur natürliche, qualitativ hochwertige Fette.

Auch bei unbehandelten Fetten gibt es sehr verschiedene Qualitäten: Wenn ihr Öl kauft, achtet darauf, daß es kalt gepreßt ist, denn
nur dann bleiben auch die ungesättigten Fettsäuren erhalten, die
der Körper wirklich braucht. Das Öl mit den meisten ungesättigten Fettsäuren ist Distelöl. Auch Sonnenblumenöl ist noch im
"positiven" Bereich. In letzter Zeit wird reines, kaltgepreßtes Olivenöl hochgelobt, und auch meine Erfahrungen sind sehr positiv
damit. Olivenöl soll eine sehr ausgewogene Mischung an gesättig-
ten und ungesättigten Fettsäuren haben und damit vielen Krankheiten vorbeugen. Trotzdem solltet ihr auch diese "gesunden" Öle
in Maßen genießen.

Schwierig wird es, wenn ihr Fett erhitzt, wenn ihr also etwas braten oder backen wollt. Olivenöl, das von den Italienern auch zum
Kochen verwendet wird, verliert beim Erhitzen
alle seine Vorzüge. Wenn ich also einem Gericht einen typisch
italienischen Touch verleihen will, gebe ich erst kurz vor dem
Servieren, wenn mein Gericht schon nicht mehr richtig heiß ist,
einen Schuß Olivenöl dazu. Auch Butter, die kalt noch einigermaßen verträglich ist, wird beim Erhitzen zu Gift, vor allem wenn
sie verbrennt, was gerade in der Pfanne oder beim Anbraten sehr
schnell passiert.
Zum Braten habe ich bisher nur zwei Fette gefunden, die das einigermaßen mitmachen: Kokosfett und Ghee, das ist Butterschmalz.

Diese beiden verbrennen erst bei höheren Temperaturen. Wenn allerdings einmal Rauch von verbranntem Fett aus eurer Pfanne aufsteigt, solltet ihr den Inhalt ohne Zögern wegschütten.

Ghee kann man übrigens auch selber machen. Es kostet allerdings etwas Zeit, wenn man es richtig macht. (Siehe "Ghee" auf S. 61)

Wie koche ich?

Ihr kennt das: Manchmal eßt ihr in einem guten Restaurant, bezahlt teuer dafür, aber ihr bleibt irgendwie unbefriedigt. Das Essen war nicht schlecht, aber irgendetwas hat gefehlt. Man könnte pausenlos weiteressen, weil die Befriedigung fehlt, obwohl man sich voll fühlt! Oder ein gegenteiliges Beispiel: Als meine Tochter Sarah mit 8 oder 9 Jahren zum ersten mal kochte, waren die Nudeln verklebt, Salz fehlte, aber es schmeckte wirklich vorzüglich!

Es gibt nämlich etwas, das auf keinem Rezept steht, das man nirgends kaufen kann, was ihr aber unbedingt für jede gelungene Mahlzeit braucht: Eure Freude und Liebe zu dem, was ihr gerade tut!
Ihr seid nämlich keine Automaten, die nur Schritt für Schritt ein Rezept befolgen, bestimmte Schritte in einer bestimmten Reihenfolge abarbeiten. Mit jedem Handgriff, den ihr tut, mit jedem Schneiden eines Stück Gemüses, mit jedem mal Umrühren gebt ihr eure eigene Energie mit ins Essen. Eure momentane Verschlossenheit, euren Mißmut und Ärger ebenso, wie wenn ihr euch freut, verliebt seid, oder einfach Spaß am Kochen habt.

Zunächst müßt Ihr euch klarmachen, daß Kochen nichts Profanes, keine "niedere" Arbeit ist (die es in meinen Augen überhaupt nicht gibt): Es verlangt eure ganze Aufmerksamkeit, jeder Handgriff schlägt sich in der fertigen Mahlzeit nieder, und eine einzige Unaufmerksamkeit kann das ganze Werk verderben, sei es, daß euch die Soße anbrennt, oder daß ein Käfer aus dem fertig angemachten Salat krabbelt. Also, kocht, wenn ihr es tut, ganz! Denkt an das, was ihr tut, und fühlt und empfindet das, was gerade ist! Riecht, schmeckt, schaut! Dieser Rat gilt übrigens für alle Tätigkeiten, und zum Beispiel im Zen-Buddhismus ist diese Art des präsent Seins eine Meditationsform.
Also: mißmutig, gezwungenermaßen, unaufmerksam zu kochen geht um keinen Deut besser oder schneller als mit Freude! Es ist

quälend, das Resultat frustrierend: reine Zeitverschwendung! Dann serviert lieber Brot mit Butter und stellt das rohe Gemüse daneben auf den Tisch! Dann müssen eure Tischgenossen wenigstens eure schlechte Laune nicht mitessen!

Wo ihr die Freude hernehmt, ist dabei nicht so wichtig: Es könnte Dankbarkeit für die schönen Dinge sein, mit denen ihr umgeht: Denn jede Frucht, jedes Gemüse, ja sogar jedes Dinkelkorn oder jeder Salzkristall birgt totale Schönheit in sich, Vollendung in Form und Farbe. Stellt Euch vor, es gäbe keine Kürbisse, und ein Künstler würde anfangen, große, gerippte, etwas abgeflachte orange Kugeln herzustellen, mit einem kleinen grünen Stil, mal glatt, mal rauh, jedes Stück einzigartig, ein Erlebnis! Er würde berühmt! Aber wenn Mutter Natur so etwas produziert, ist das selbstverständlich! Dabei müßten wir uns noch viel mehr wundern, da der produzierende Künstler nicht persönlich in Erscheinung tritt! (Womit wir beim Thema "Gott" angelangt wären, aber das nur am Rande.)

Eine weitere Haltung, die mir das Kochen nahegebracht hat, ist folgende: Ich habe mir deutlich gemacht, für wen ich koche: Häufig war es meine Frau Nina, die einerseits klar ausdrückt, wenn ihr etwas nicht schmeckt, die aber vor allem ihrer Freude eines gelungenen Genusses überschwenglich Ausdruck verleiht! Aber auch, eine ganze Gruppe zum Schwelgen zu bringen, war für mich oft die Motivation, die ich brauchte. Und manchmal wollte ich auch "nur" mir selbst eine Freude machen, ein Stück Befriedigung verschaffen, das mehr ist als ein volles Gefühl im Bauch!

Die Küche

Was für mich immer wieder ein Phänomen ist: Viele Menschen haben Küchen für ein Vermögen, in denen sie dann fast ausschließlich Dosen und Tüten aufwärmen oder die Mikrowelle beschicken.

Kochen hingegen kann man in der kleinsten, möglicherweise spartanisch eingerichteten Küche. Selbst auf zwei Kochplatten mit einem Waschbecken habe ich schon vorzügliche Gerichte zusammengebracht. Wenn ich zwei Listen machen würde, einmal von den Dingen, die man unbedingt braucht, und eine von denen, die überflüssig sind, wäre zweitere wesentlich länger. Außerdem beobachte ich in unserer Küche mit Erstaunen, wie sich im Laufe der Zeit wie von selbst jede Menge Krimskrams ansammelt, der zwar sehr praktisch ist, den aber niemand verwendet.

Ich habe lieber wenig, aber dafür vielseitige und gute Kochutensilien. Die Wichtigsten zähle ich auf:

3 scharfe Messer: ein <u>kleines Obst- und Gemüsemesser</u>, ein <u>großes, langes Messer mit festem Griff</u>, das gut in der Hand liegt, und ein <u>langes Messer mit Wellenschliff</u> zum Brotschneiden. Was sich bei mir auch sehr bewährt hat, ist ein <u>japanisches Messer</u> mit sehr feiner und scharfer Schneide, da es sehr wenig Kraftaufwand beim Schneiden erfordert. Wichtig für alle Messer (außer für das mit Wellenschliff) ist ein guter Abziehstein, um sie nachzuschärfen.

3 Reiben: Ich habe viele Kombinations- und Zauberreiben berühmtester Fernsehköche besessen und ausprobiert, mit Patentdings, und Multi-Turbo-Irgendwas.
Aber das Resultat war immer das gleiche: Bestenfalls ist das unzerbrechliche Ding nach ein paar Wochen zerbrochen, schlimmstenfalls habe ich mir vorher noch kräftig in die Finger geschnitten. Jetzt habe ich drei einzelne plastik-

freie Edelstahlreiben in schwerer Ausführung: Eine zum
Gurkenhobeln, eine für grobes und eine für feines Raspeln. Das genügt völlig, und wenn ich weniger als 12 oder
15 Personen bekoche, brauche ich keine elektrische Küchenmaschine.

2 Schneidebretter: Wenn ihr nicht gewerblich kocht, sollten diese unbedingt aus Holz sein (Ahorn, auf keinen Fall Tro-
penholz). Sie sollten mindestens ca. 20 x 30 cm groß sein,
so daß ihr einigermaßen bequem darauf arbeiten könnt.
Noch etwas interessantes: Bei uns sind in der Gastronomie
Holzbretter aus hygienischen Gründen verboten. Es wurden allerdings inzwischen Versuche gemacht, in denen
nachgewiesen wurde, daß auch gut gereinigte Kunststoff-
Bretter Bakterien-Brutkästen sind, Holz hingegen wirkt
stark keimhemmend, selbst auf alten Holzbrettern konnten
kaum Keime nachgewiesen werden.

2 Siebe: ein großes Sieb, um Salat abtropfen zu lassen und ein
engmaschiges Sieb, um Mehl zu sieben oder eine Soße zu
passieren.

1 Gemüseschäler: gibt's in verschiedenen Ausführungen, jeder
hat andere Vorlieben.

1 Schneebesen: ganz aus Metall

Elektrischer Rührquirl: nötig, um einigermaßen rationell
Sahne zu schlagen, einfache Ausführung genügt.

Küchenmaschine mit Rührwerk, Mixer und Schnitzelwerk:
brauche ich nur, wenn ich für viele Leute koche.
Denn handgehobelte oder -geschnittene Gemüse haben eine andere Qualität, weil dann euer eigener Geist im Essen
steckt, und nicht der Geist der Maschine.

1 Pfanne: Auch auf diesem Sektor habe ich sehr viel ausprobiert, von Edelstahl über Eisen- bis hin zu emaillierten Pfannen. Dennoch erweisen sich beim Backen von Pfannkuchen Teflon-Pfannen als optimal, ich habe bis jetzt nichts gefunden, was diese ersetzen könnte.

Mehrere Töpfe: gerade bei Elektroherden ist es unbedingt nötig, daß der Boden von Töpfen und Pfannen sehr plan auf der Kochplatte oder dem Glaskeramikfeld aufliegt. Töpfe mit verzogenen Böden verbrauchen für die gleiche Kochleistung ein vielfaches an Energie, außerdem brennt euch alles an dem Punkt an, an dem der Topf dann Kontakt zum Ofen hat.
Wenn ein Topf auch im Backofen als Bräter oder Brot- und Kuchenform verwendet werden soll, ist es wichtig, daß er keine Griffe aus Holz oder Kunststoff hat. Desweiteren sollte er nicht hellsilbrig aussehen, sondern möglichst dunkel, da er dann wesentlich mehr Wärme aufnimmt, was die Gar- oder Backzeiten erheblich verkürzt und den Energieverbrauch senkt. Dasselbe gilt für Backbleche und Kuchenformen, auch sie sollten möglichst dunkel sein.

Gewürzmühle: Fast alle Gewürze schmecken entschieden besser, wenn sie frisch gemahlen sind. Die handelsüblichen Pfeffermühlen sind zum Kochen aber viel zu unpraktisch und einseitig. Deshalb benutze ich als Gewürzmühle eine alte elektrische Kaffeemühle, mit der ich alles kleinkriege.

Die Getreidemühle: ist für mich ebenfalls sehr wichtig geworden, da ich das Getreide, das ich gerade brauche, erst dann mahlen oder schroten kann, wenn ich es brauche.
Denn Mehl, Grieß oder Schrot wird bald nach dem Mahlen bitter und verdirbt dann; damit das nicht passiert, wird abgepackte Ware immer erhitzt. Das schadet der ernährungsphysiologischen Qualität und dem Geschmack.

Wenn ihr dagegen das Getreide, das ihr gerade benötigt, frisch mahlen könnt, braucht ihr kein Mehl konservieren und habt immer deftige, feine, lebendige Speisen.

Herd: Am verbreitetsten sind bei uns Elektroherde. Die sind zwar sehr unkompliziert in der Handhabung, relativ ungefährlich und billig, ich halte sie aber für die schlechteste Art Kochstelle: Denn unmittelbar unter dem Essen fließt beim Kochen ein sehr starker Strom, der natürlich, da es sich um Wechselspannung handelt, ein starkes elektromagnetisches Feld erzeugt, welches am stärksten bei sogenannten Induktionskochstellen ist, bei denen diese Wirbelströme dann direkt im Topfboden oder sogar im Kochgut entstehen. Solche elektromagnetischen Felder werden inzwischen auch Elektrosmog genannt. Was dieser Elektrosmog mit dem Essen macht, ist noch nicht genau erforscht. Aber eines weiß ich sicher: Er schadet! Das ist auch geschmacklich festzustellen: Mahlzeiten, die ich an unserem Holzofen koche, schmecken irgendwie noch feiner, besser, leichter als vom E-Herd, obwohl ich sie genau so zubereite.

Nun hat natürlich nicht jeder in einem modernen Mietshaus die Möglichkeit, einen Holzherd zu installieren, da in modernen Bauwerken hierfür keine Kaminanschlüsse mehr vorgesehen sind. In Altbauten hingegen sind diese oft noch vorhanden. Und in Neubauten, gerade auf dem Lande, sollte immer ein Anschluß für einen Küchenofen eingeplant werden, der nicht nur eine Freude beim Kochen ist, sondern in Übergangszeiten oder bei Energieknappheit eine sehr angenehme Wärmequelle darstellt.

Ein guter Kompromiß zwischen beiden Herd-Arten ist der Gasherd, der zwar noch nicht die organische Wärme eines Holzofens hat, aber dennoch keinen Elektrosmog erzeugt und sehr einfach in der Handhabung ist, wohingegen man sich an einen Holzofen erst gewöhnen muß, weil man ab und zu nachlegen und die Luftklappe richtig bedienen muß, und ein Gefühl dafür braucht, wo er wie heiß wird.

Des weiteren braucht ihr natürlich **Kochlöffel, Schöpflöffel mit und ohne Löcher, diverse Schüsseln**, wovon eine möglichst groß sein sollte (für Blattsalate), ein paar gute Töpfe und eine oder zwei Kuchenformen (rund und länglich).

Eine Mikrowelle ist ebenfalls sehr praktisch: aus dem Kabel kann man ein Springseil für seine Kinder machen und im Rest kann man sein Schuhputzzeug aufbewahren.
Aber Spaß beiseite: Eine Mikrowelle halte ich in einer Küche für völlig überflüssig. Während viele Menschen schon bei einem Handy Kopfweh bekommen, sollen wir dann Dinge essen, die durch den 10.000-fachen Elektrosmog buchstäblich zum Kochen gebracht wurden. Und nichts anderes ist Mikrowelle: hochfrequenter Elektrosmog. Wenn die Speisen diesem ausgesetzt waren, sehen sie zwar noch einigermaßen appetitlich aus, aber ihre Vitalität ist völlig dahin, alles Leben ist im Keime erstickt.

Das zweite Erwärmen von Speisen ist eh schon sehr fragwürdig, da dabei so ziemlich alles Lebendige in den Speisen zerstört wird. Außerdem setzt der Verwesungsprozeß vier Stunden nach dem ersten Kochen ein. Und wenn das zweite Erhitzen dann noch durch die Mikrowelle geschieht, halte ich das schlichtweg für gesundheitsschädlich.

Wichtig ist allerdings nicht, daß ihr jetzt alles habt, was ich da aufgezählt habe, sondern daß ihr mit dem, was ihr habt, auch etwas anfangt. Und improvisieren kann man immer: Sei es, daß man ein fehlendes Sieb durch ein Tuch ersetzt, oder eine fehlende Brotform durch einen geeigneten Topf, von dem ihr halt notfalls die Griffe abschrauben müßt. Und die Freude, die ihr dann an euren Kreationen habt, ist noch um vieles größer, wie wenn alles genau nach Plan und Anleitung funktioniert. Zumindest mir geht es so.

Physik des Kochens

Obwohl die meisten von Euch wahrscheinlich, durch die schulische Vergangenheit, Abneigung bei dem Wort Physik verspüren, widme ich diesem Thema doch ein ganzes Kapitel: Denn Kochen ist auch ein physikalischer Vorgang, und wenn man ein paar ganz einfache Zusammenhänge versteht, kann man sowohl besser als auch energiesparender kochen.

Am häufigsten beobachte ich folgendes: Ein Topf Wasser steht am Herd und kocht auf höchster Stufe vor sich hin, sprudelt wie wild, die dazugehörige Erklärung ist dann immer: Ich bin in Eile, und meine Nudeln (Gemüse, Reis etc.) sollen schneller fertig werden.

Leute, die Sache ist folgende: Die Temperatur von kochendem Wasser hängt nicht davon ab, wieviel Hitze ihr zuführt. Kochendes Wasser hat bei konstantem Druck (und das ist bei uns mehr oder weniger der Fall) immer knapp 100 Grad. Man muß, um irgendetwas eine Zeitlang zu kochen, nur so viel Hitze zuführen, daß das Wasser nicht wieder abkühlt. Und da reicht meistens die niedrigste Stufe des Herdes, wenn auf dem Topf ein Deckel ist. Das Erhitzen auf voller Stufe ist nur sinnvoll, bis etwas kocht. Dann, oder bei Elektroherden schon kurz vorher, könnt ihr getrost auf eine niedrige Stufe schalten.

Also: die Kochtemperatur von Wasser ist nicht von der zugeführten Energie abhängig, wohl aber vom Druck. (Das hat die interessante Folge, daß die Kochtemperatur in Hochlagen wie im Himalaya oder in Mexico niedriger ist. So brauchen Hausfrauen in Mexico unbedingt Dampfkochtöpfe, da bei ihnen das Wasser in normalen Töpfen schon bei vielleicht 70° - 80° kocht.)

Das gleiche Gesetz kommt bei Dampftöpfen zum Zuge: dadurch, daß sie absolut dicht abschließen, wird durch das verdampfende

Wasser ein höherer Druck aufgebaut, wodurch eine höhere Koch-temparatur entsteht. Das ist auch der Grund, warum ich euch von den sogenannten Dampf- oder Schnellkochtöpfen abrate: Bei einer Kochtemperatur von vielleicht 130° oder 150 ° werden die meisten Vitamine zerstört, die Nahrung wird tot dabei.

Ein weiterer wichtiger Effekt ist die sogenannte Verdunstungskälte: Vielleicht habt ihr das schon mal gespürt, als ihr einen Tropfen Alkohol oder Benzin auf der Haut hattet: während dieser verdampft, wird es auf der Haut saukalt! Genauso ist es bei warmem Wasser: Wenn an der Oberfläche Wasser verdampft, und das tut es vor allem, wenn es schon warm ist, kühlt sich das darunterliegende Wasser ab. Es ist einfach so, daß sich bei Verdunstung die wärmeren Moleküle verabschieden und die kühleren zurücklassen. Also geht ein großer Teil der Wärme, die wir beim Kochen zuführen, auf diese Weise wieder verloren. Das wäre schlimm, wenn es nicht eine einfache Gegenmaßnahme gäbe: Ein Deckel auf dem Topf! Dann sättigt sich nämlich die im Topf befindliche Luft ziemlich schnell mit Wasserdampf und es entweicht kein weiterer Dampf mehr. Wenn man einen großen Topf mit Wasser einmal mit und einmal ohne Deckel zum Kochen bringt, dauert das ohne Deckel mindestens doppelt so lange. Das ist nicht nur Zeit- sondern auch Energieverschwendung. Also: Kocht, soweit es geht, mit Deckel auf dem Topf! Einzige Ausnahme ist, wenn ihr gezielt etwas eindicken wollt, oder wenn ihr etwas knusprig braten wollt!
Das waren meiner Meinung nach schon die zwei wichtigsten Dinge, die man als Köchin/Koch wirklich begriffen haben sollte. Es gibt aber noch ein paar weitere Punkte, die einem im Kochalltag nützlich werden können:

Schwarze Körper, also auch Brat- und Backformen und Bleche nehmen Wärmestrahlung viel besser an als weiße oder silberne. Wärmestrahlung tritt vor allem im Backofen auf. Also: Benutzt immer, wenn es geht, schwarze Kuchenformen, Bleche, Bräter und Brotformen.

Ein weiterer wichtiger Punkt: Die Wärmeübertragung von einer Elektrokochplatte zum Topf findet über Wärmeleitung statt, und die funktioniert umso besser, je größer die Berührungsfläche ist. Also schaut darauf, daß eure Töpfe einen möglichst unversehrten, geraden Boden haben, so daß sie ganzflächig auf der Platte aufliegen.

Und noch etwas zum Schluß: Die Gefahr, daß etwas anbrennt, ist dann am größten, wenn sich etwas nicht mehr selbst durchmischen kann: Wenn etwas sehr flüssig ist, beispielsweise eine Suppe, werdet ihr beobachten, wie der gesamte Topfinhalt zirkuliert und sich somit gleichmäßig erwärmt. Wenn ihr dagegen versucht, beispielsweise Grießbrei zu erwärmen, zirkuliert der nicht mehr, er ist zu fest. Also müßt ihr dann diese natürliche Zirkulation durch Umrühren ersetzen. Dabei ist dann wieder wichtig, daß ihr vor allem am Topfboden rührt, da die Hitze ja von dort in den Topf kommt.

So, ich hoffe, ich habe Euch nicht zuviel genervt, manche wußten vielleicht schon alles, andere "haben damit eh nichts am Hut". Aber es ist so: Wenn alle Menschen achtsam und bewußt mit Energie umgehen würden, bräuchten wir keine Atomkraftwerke mehr, ohne daß sich jemand einschränken müßte.
Wußtet ihr eigentlich schon: Wenn nur alle Deutschen ihre Stand-By-Geräte wie Fernseher, Stereoanlagen, Videorecorder und Computer immer ganz ausschalten bzw. ausstecken würden, wenn sie nicht gebraucht werden, würden wir uns zwei ganze Atomkraftwerke sparen. Wäre das nicht ein guter Anfang für die energietechnische Abrüstung?

Einkaufen

Kochen beginnt nicht erst eine Stunde vor dem Essen, sondern bereits bei der Beschaffung der Lebensmittel, meistens ist das der Einkauf, im Idealfall der eigene Garten.

Ein guter Einkauf ist die wesentliche Voraussetzung für eine gelungene Mahlzeit, denn fades, geschmackloses Gemüse läßt sich bestenfalls noch aufpeppen, aber nicht wirklich zubereiten. Außerdem stellt sich bereits beim Einkauf die Frage nach Gesundheit oder Bekömmlichkeit eines Essens.

Daß der Einkauf ein täglicher Akt der politischen Willensbildung ist, haben sich vermutlich bisher die wenigsten Menschen klargemacht, deshalb werde ich auch darauf eingehen.

Ökologie

Jetzt kommt ein Kapitel, bei dem ich Gefahr laufe, ziemlich moralisch zu werden. Aber ich finde, daß sich die meisten von uns Konsumenten für dumm verkaufen lassen: Alle schimpfen auf die Gentechnik, auf Pestizide, Fast Food und unnötigen Verpackungsmüll, aber - man staune - das ganze Zeug verkauft sich wunderbar. Dabei habe ich noch von niemandem gehört, daß er zum Beispiel Antibiotika im Schweinefleisch gut findet. Wenn ich dann aber nachfrage, warum jemand dieses oder jenes kauft, höre ich sinngemäß:" Da kann man eh nichts machen. Was sollen wir kleine Leute schon gegen die Macht der Konzerne ausrichten?" Das klingt resigniert, ich halte es aber hauptsächlich für Bequemlichkeit. Wenn kein Mensch mehr den ganzen Sondermüll in unseren Supermärkten kaufen würde, würde der nicht länger produziert werden. Und genau da liegt die Macht von uns "kleinen" Leuten: Durch unsere Kaufgewohnheiten bestimmen wir, was wie produziert oder verpackt wird. Mitwirken kann da jeder, indem er nur noch das kauft, was er ökologisch und gesundheitlich verantworten kann. Und indem er seinen Freundes- und Bekanntenkreis aufklärt. Wenn man bedenkt, daß eine normale Familie weit über 1000 DM pro Monat für Essen ausgibt, dann ist das schon was, und wenn dann noch viele Familien gemeinsam handeln, kann das ein so wirkungsvolles Instrument sein, wie es früher Streiks oder Volksaufstände waren.

Also macht euch folgendes klar: Wenn ihr überdüngtes Gemüse kauft, dann unterstützt ihr Landwirte, die Pflanzen und Böden vergiften, ein Teil eures Geldes geht weiter an BASF, Farbwerke Höchst und wie sie alle heißen. Ihr lenkt also das Weltgeschehen und die globale Ökologie mit jeder Mark, die ihr ausgebt.
Kauft ihr dagegen im Bioladen oder sogar bei euren regionalen Biobauern, fördert ihr Menschen, die oft ihre ganze Zeit der Pflege und Erhaltung unserer Natur opfern und unermüdlich neue, chemiefreie Wege im Nahrungsanbau suchen.

Kennt ihr die Studie über den Erdbeerjoghurt, der insgesamt 7000 Kilometer durch Europa herumgefahren wird, bis er als konservierte, gezuckerte Mischung auf eurem Tisch steht? Oder daß jedes Kilo Weintrauben aus Südafrika ungefähr einen Liter Flugbenzin verbraucht, was dann mehrere 100 l Schadstoffe ergibt, die dann direkt in unserer eh schon so angeschlagenen Ozonschicht wabern. Es genügt nicht, auf die Luftfahrtgesellschaften zu schimpfen, wenn man sie gleichzeitig durch den Kauf von Lebensmitteln finanziert. Wieder komme ich auf die Waren von unseren lieben, regionalen Biobauern zurück: Diese müssen nur wenige Kilometer transportiert werden. Das spart nicht nur Benzin, sondern das Zeug muß auch nicht so aufwendig verpackt, nicht konserviert oder lange gekühlt werden. All das ist nicht nur gut für die Umwelt, sondern auch für die Qualität der Lebensmittel.

Außerdem werden Obst- und Gemüseerzeugnisse meistens durch Bestrahlen für die Flugreise haltbar gemacht. Die Konservierungsvorschriften in Dritte-Welt-Ländern sind noch viel verantworungsloser wie bei uns, außerdem werden sie kaum kontrolliert. Da solltet ihr euch doch noch mal überlegen, ob ihr im Dezember Erdbeeren oder im April Weintrauben essen wollt, die dann meistens eh nach nichts schmecken.

Zusammenfassend kann ich sagen, daß ich immer mit dem Gemüse bzw. Obst die besten Erfahrungen gemacht habe, das gerade bei uns Saison hat. Bei diesen Erzeugnissen braucht die Pflanze logischerweise am wenigsten chemische Unterstützung zum Wachsen. Und wie gut schmecken frische, aromatische Tomaten, wenn man ein halbes Jahr keine gegessen hat?

Also, jetzt habe ich Euch schon einige Argumente für eine ökologisch-biologische Handlungsweise gebracht. Die wichtigste Voraussetzung für verantwortliches Einkaufen ist immer, umfassend über Herkunft und Qualität von Lebensmitteln informiert zu sein. Natürlich bekommt ihr solche Informationen nicht in der abendlichen Fernsehwerbung, aber es gibt da inzwischen schon gute Quellen, zum Beispiel bei verschiedenen Verbraucherinitiativen oder bei den ökologischen Anbauverbänden.

Wenn euch das alles nicht einleuchtet, kann ich euch auch nicht mehr helfen. Aber wenn doch, würde ich mich sehr freuen.

Qualität

Den wichtigsten Aspekt guter Nahrungsmittel habe ich eben beschrieben: Wie natürlich, wie rein und wie vielfältig sind sie? Weitere Qualitätsmerkmale sind für mich: Frische, Reife, und wie gehaltvoll ein Obst oder Gemüse ist. Ob hingegen bei einem Haufen Äpfel alle Exemplare makellos aussehen, ist für mich kein Kriterium mehr. Im Gegenteil: Eine Sorte, die die Würmer oder Insekten nicht mögen, ist für mich auch nicht gut. Aber wenn's diesen Tierlein schmeckt, ist das schon ein gutes Zeichen.

Ein weiteres wichtiges Kriterium ist für mich der Geschmack: Schmeckt die Erdbeere wirklich nach sich selbst? Schmeckt die Möhre überhaupt, oder könnte es sich auch um eine Gurke handeln? Meistens haben biologisch gewachsene Lebensmittel einen viel ausgeprägteren Eigengeschmack. Aber ein intensives Aroma zeugt auch davon, daß die Pflanze wirklich ausreifen durfte, und nicht, wie unsere holländischen Tomaten, grün verpackt wurde und dann in irgendeiner dunklen Supermarktecke ihre rote Farbe entwickelt hat, was dann natürlich nicht heißt, daß sie wirklich reif ist.

Gutes Essen ist natürlich immer auch eine Kostenfrage. Und biologisches Essen ist erst einmal teurer. Dennoch gibt es verschiedene Möglichkeiten zu sparen, ohne daß man auf Qualität verzichten muß. Hier einige Tips dazu:

Man kann zum Beispiel sein Brot selbst backen. Das ist am effektivsten, wenn man sich einmal im Jahr beim Ökobauern einen Sack Dinkel holt und mit einer Getreidemühle arbeitet. (Das Rezept hierzu findet ihr auf Seite 166 f.)

Gemüse und Obst ist auf Bauernmärkten viel billiger als in Naturkostläden. Dafür bekommt man halt keine israelischen Avocados, sondern nur regionale Produkte.

Bei Kartoffeln, gelben Rüben, roten Rüben, Pastinaken und Äpfeln lohnt sich Vorratshaltung: Und wenn man keinen feuchten Keller hat, in dem sich die Dinge bis zum Frühjahr frisch halten, sollte man sich zumindest immer die Menge für ein paar Wochen zulegen.

Wenn man auf Fleisch verzichtet, spart man ebenfalls eine Menge. Insgesamt sehe ich also keinen zwingenden Grund, auf gesunde Nahrung zu verzichten. Und wenn man dann noch die höhere Lebensqualität einbezieht, die sich durch eine bessere Gesundheit und mehr Vitalität und Energie zeigt, lohnt sich eine bewußtere Ernährung.

Es gibt auch Bereiche, in denen ich nicht sparen würde: So ist eine Flasche guter Essig, zum Beispiel der italienische "Balsamico", der zum Teil 5 Jahre und mehr in Eichenfässern lagert und einen sehr milden, fruchtigen Geschmack hat, eine Bereicherung für jeden Salat.

Genauso wichtig finde ich gutes Speiseöl. Ich lege Wert darauf, daß ich immer mindestens zwei Sorten da habe: Ein gutes Olivenöl, natürlich kalt gepreßt und mit intensivem Eigengeschmack. Und für den Fall, daß mir der Olivengeschmack nicht paßt, habe ich noch Sonnenblumenöl. Das ist sehr mild, hat aber noch einen leichten, feinen Eigengeschmack.

Was ich auch immer im Hause habe, ist ein guter Senf und guter Meerrettich. Der Senf sollte nicht nach Essig schmecken.
Wählerisch solltet ihr auch bei Gewürzen und Kräutern sein. Wobei ihr da nicht auf eine teure Verpackung reinfallen, sondern wirklich auf das Aroma achten solltet. Curry zum Beispiel kann sehr verschieden schmecken, nur scharf, oder mild und blumig, oder beides. Im Endeffekt ist das auch eine persönliche Geschmacksfrage, welche Sorte man bevorzugt. Lest aber immer die Zutatenliste, denn inzwischen enthalten einige Sorten Geschmacksverstärker, Farbstoffe und Zucker!

Leider sind auch manche ökologisch angebaute Gewürze völlig unbrauchbar. Ich weiß nicht, woran das liegt, vielleicht an den Papiertüten und zu langen Lagerzeiten.

Eine weitere Falle ist, daß man sich hunderte von Gewürzen kauft, die dann im Schrank ihr Aroma verblasen. Kauft euch also lieber wenige, aber gute Gewürze und verwendet diese auch, damit ihr sie kennenlernt. Gerade gemahlene Gewürze verlieren ihr Aroma sehr schnell. (Deshalb rate ich euch auch zu ungemahlenen Gewürzen, die ihr mit einer alten Kaffeemühle kleinkriegt.) Im Kapitel "Kräuter und Gewürze" findet ihr noch eine Liste mit den für mich wichtigsten Gewürzen.

Grundsätzliches

Dieses Kapitel in diesem Buch ist mir besonders wichtig: Denn eigentlich möchte ich Euch nicht einfach einen Stapel neuer Rezepte an die Hand geben, sondern ich möchte Euch das Kochen beibringen. Ein grundlegender Unterschied. Die Rezepte in diesem Buch sollen vor allem aufzeigen, wie ich denke, kombiniere, und euch vielleicht einen Teil meiner Erfahrung nutzbar machen. Und ein wichtiges Werkzeug, selbst kreativ zu kochen, können eben die folgenden Grundrezepte und Tricks werden: Wenn ihr zum Beispiel wißt, wie ihr einen guten Blattsalat vorbereitet, oder wie ihr mit Hülsenfrüchten umgeht, habt ihr freie Hand für jede Variation.

Außerdem wiederholen sich viele Dinge in der Küche immer wieder. Und dann wäre es ja zu umständlich, sie bei jedem Rezept neu zu erklären. Also los geht's:

Getreide und Scheingetreide:

Dazu gehören alle Getreide wie Dinkel, Roggen, Weizen, Reis, Hafer, Grünkern, und die Scheingetreide wie Hirse, Quinoa, Amaranth etc. Ich beziehe auch ihre gequetschte, gemahlene, gebrochene, geräucherte oder geschrotete Form mit ein, dann heißen sie zum Beispiel Grieß, Graupen, Flocken, Schrot.

All diese Getreide kann man kochen: Bei Reis oder Hirse ist das die bekannteste Art der Zubereitung, daß man auch Grünkern oder Quinoa kochen kann, wissen schon weniger Menschen, und daß man auch ganze Dinkel- oder Haferkörner kochen kann, wissen hingegen die Allerwenigsten.
Das gemeinsame Grundrezept dieser vielen, verschiedenen Getreidesorten ist nun folgendes:

Ihr nehmt eine Tasse Getreide und zwei Tassen Flüssigkeit dazu. Wie groß oder klein die Tasse ist, ist natürlich egal. Das stimmt, mehr oder weniger, für all die obengenannten Sorten gleichermaßen.

Wie einfach doch die Welt ist! Und noch etwas: Um eine Durchschnittsperson satt zu kriegen, braucht ihr ungefähr 70 - 100 g eines solchen (Schein-) Getreides. (Das ist ungefähr eine halbe normale Kaffeetasse.) Wenn ihr etwas Salziges zubereitet, dann kocht das Salz bzw. die Brühe oder den Tamari gleich mit. Wenn ihr etwas Süßes kreiert, süßt ihr hinterher, aber ihr tut trotzdem eine kleine Prise Salz ins Kochwasser.

Was noch wichtig ist: Nicht umrühren während des Kochvorgangs: Das ist am wichtigsten bei Getreiden, die "aufgehen": Sie organisieren sich selbst beim Kochen, wenn ihr zum Beispiel in einen fertigen Reistopf schaut, seht ihr, daß sich richtige Kamine gebildet haben, in denen der Dampf nach oben steigt. Um euch auf andere Weise gegen das Anbrennen zu schützen, müßt ihr möglichst große, flache Töpfe mit dickem Boden verwenden. Außerdem solltet ihr darauf achten, daß ihr die Wärmezufuhr beim oder schon kurz vor dem Aufkochen drosselt.

Und das wichtigste: Immer mit Deckel kochen. Das ist in diesem Fall nicht nur zeit- und energiesparend, sondern zwingend notwendig – sonst ist die unterste Schicht schon fertig, während oben noch die harten Körner schwimmen.

Ich schrieb absichtlich "Flüssigkeit" statt Wasser. Denn Grießbrei kocht man meistens mit Milch, manche Körner schmecken hervorragend mit dem Kochsud, in dem man vorher seine Wurzelgemüse gegart hat. Auch Molke, Joghurt oder Buttermilch können mit dem Kochwasser vermischt werden und sorgen für ein herzhafteres Aroma.

Außerdem ist es so, daß jedes Mengenverhältnis nur ungefähr angegeben werden kann. Denn die Qualität jedes Nahrungsmittels schwankt, und wenn es sich dann nicht um europäisches Einheitssaatgut mit weltweiter Einheitsdüngung, sondern um unsere hochgeschätzten Bioprodukte handelt, kann es schon mal passieren, daß eine Polenta noch klumpt, während eine andere mit der gleichen Wassermenge schon schwimmt.

Auf die Besonderheiten einzelner Sorten möchte ich im folgenden noch kurz eingehen:

Dinkel: kann man zunächst einmal als ganze Körner kochen: Schmeckt etwas derb, aber kräftig, und ist gut für die Kaumuskulatur. Laut Hildegard von Bingen sollte gekochter Dinkel nie im Salat fehlen. Man kocht ihn wie oben beschrieben mit Wasser, er braucht etwa 20 - 30 Minuten, bis er durch ist **Dinkelgrieß:** Wird meistens mit Kuhmilch gekocht, dann ist er allerdings sehr schwer verdaulich und klebrig, und sollte vor allen Dingen nicht am Abend genossen werden. Da aber Kinder (wie unsere Tochter Laura) ihn am meisten abends lieben, haben wir eine neue Variante kreiert: Mit Soja- oder Reismilch, oder einer Mischung aus 3/4 Wasser und 1/4 Sahne. Die Reismilch hat darüberhinaus den Vorteil, daß der Brei süß schmeckt.

Grünkern: Grünkern ist unreif geernteter Dinkel, der dann zum Trocknen und Konservieren geräuchert wird. Dadurch schmeckt er sehr herzhaft.
Grünkern muß mindestens eine halbe Stunde kochen, er schmeckt gut mit etwas angebratenem Lauch und/oder mit einer säuerlichen Soße. Man kann ihn auch mit ¼ Joghurt im Kochwasser kochen, das unterstreicht seine Deftigkeit.

Hafer: ist ziemlich fett und ziemlich eiweißreich. Das Rezept für Kranke kennt ihr wahrscheinlich alle: Haferflocken mit etwas Salz oder Gemüsebrühe in Wasser aufkochen. Was auch super schmeckt: Haferflocken in der Suppe mitkochen.

Hirse: Ist mein Lieblings(schein)getreide, da sie sehr leicht und fein schmeckt. Gekochte Hirse läßt sich sowohl salzig als auch süß kombinieren: Eine feine Pilzsoße schmeckt himmlisch damit, eine andere Möglichkeit ist, daß man die Hirse mit 50% Milch kocht, und Trockenfrüchte wie Feigen oder Aprikosen mitkocht. (Das ist zwar nicht genau nach den Trennkost-Regeln, aber dennoch eine bekömmliche Mischung.)

Mais: Erstens kann man Popcorn draus machen, das ist aber ein eigenes Rezept (siehe S.158). Aus Maisgrieß macht man Polenta. Die schmeckt am besten, wenn man zum Kochwasser etwa 1/3 Joghurt mischt.

Quinoa: Ist ebenfalls sehr fein, auch im Biß, ich verwende es salzig: Mit etwas Butter, die man am Schluß darauf zergehen läßt, und gehackter, dazugemischter Petersilie hat man eine vorzügliche Hauptmahlzeit.

Reis: Gibt es in vielen Varianten, vom federleichten Basmatireis, bis zum Vollkorn-Rundkornreis, der dann ungefähr doppelt so lange braucht wie Basmatireis.

Man kann Reis süß oder salzig zubereiten. Bei süßem Reis kann man gleich 50% Milch verwenden und Rosinen, Feigenstücke, Zimt- und Vanillestangen oder Nelkengewürz mitkochen. Die salzige Variante ist super (und farblich hochwertig), wenn man Safran oder Cucuma mitkocht.

Roggen: geht auch in die herzhaft-säuerliche Richtung, ähnlich wie Grünkern, ist nur nicht so aromatisch wie letzterer. Er braucht eine lange Kochzeit, mindestens 40 Minuten, oft viel länger. Gut harmoniert er mit etwas Joghurt oder Molke im Kochwasser, mit mitgekochter Petersilie oder Liebstöckl.

Natürlich ist meine Aufzählung nicht vollständig, ich habe nur die Sorten, die ich am wichtigsten finde, berücksichtigt. Aber mit diesen Tips zu Getreiden könnt ihr Euch an alles rantasten. Ihr müßt es nur so machen, wie im richtigen Leben: Probiert alles aus, euren Fähigkeiten entsprechend, und schaut danach, was ihr noch verbessern könnt.

Blattsalate

Blattsalate sind für mich mindestens einmal täglich ein Muß: Ich liebe die Frische, die Leichtigkeit und die Vielfalt dieser Pflanzen. Und jede Jahreszeit hat ihre eigenen, passenden Salate: Während sich im Frühling zarte, leichte Maisorten anbieten, die sich zur Reinigung anbieten, hat man im Sommer die verschiedensten Kopf- und Schnittsalate, die uns durch ihre Farbenpracht ein Wohlgefühl der Fülle vermitteln. Im Herbst kommen dann die herben Wintersalate wie Endivien oder Zuckerhut zum Einsatz, die unserer Leber gut tun, die ja durch die Überfülle der Herbsternte am meisten in Mitleidenschaft gezogen wird. Diese Salate begleiten uns dann bis tief in den Winter. Und bis zum nächsten Frühling retten wir uns dann noch mit Feldsalat und Kai-Choi, um dann ab April wieder neue, frische Frühlingssorten zu genießen.

Salat hat noch einen anderen Aspekt: Wenn ihr eine Mahlzeit mit Gekochtem zubereitet, erhöht der Körper seine Leukozytenzahl sprunghaft, wie bei einer Entzündung. Wenn ihr euren Schmaus dagegen mit Salat oder einer anderen Rohkost einleitet, passiert das nicht.

Allerdings haben Blattsalate auch eine Schattenseite: Wenn sie mit zu wenig Licht aufwachsen oder überdüngt werden, reichern sie sehr stark Nitrat an. Also: Kauft eure Blattsalate am besten beim Biobauern, nicht vom Intensivanbau, und eßt in den lichtschwachen Monaten Dezember bis Februar keine Kopfsalate außer denen, die schon im Herbst gewachsen sind wie Endivien, Radiccio, Batavia und Zuckerhut.

Die allgemeine Zubereitung von Blattsalaten kennt fast jeder, trotzdem hier noch einmal die wichtigsten Punkte:

- **gut waschen**, man kann alle Teile verwenden: Die grünen, die gelben und die weißen Teile, Hauptsache, sie sind nicht verfault oder allzusehr vertrocknet.
- **trocknen:** am sichersten mit einer Salatschleuder, was mir aller-

dings zu zeitaufwendig ist. Ich schüttle nach dem Waschen alle Blätter gut ab, lege sie dann in ein großes Sieb, in dem ich sie dann eine Weile abtropfen lasse und das Sieb nochmal ab und zu durchrüttle. Eine andere, praktische Möglichkeit ist, den Salat in ein Tuch einzuwickeln und dieses dann etwas zu schütteln.

- **Zerkleinern:** je derber die Salate, umso kleiner müßt ihr sie machen. Während ich bei Sommersalaten nur die großen Blätter zerrreiße, schneide ich schwere, dickblättrige Endivienköpfe in möglichst feine Streifen quer zum Strunk.

- **Beizen:** Laut Hildegard von Bingen ist Salat nur verdaulich, wenn man ihn vor dem Anmachen mit Essig beizt und mindestens 10 Minuten stehen läßt.

Ich habe festgestellt, daß das allen derben und bitteren Salaten, wie sie sicher alle zu Hildegards Zeiten waren, gut tut: Die Salate werden durch das Beizen entbittert und etwas weicher. Zarte Blattsalate hingegen werden dadurch nur schlapp und fade. Bei ihnen ist das Beizen also nicht nötig, sagt auch Anselm von Unterberg.

- **Anmachen** sollet ihr die Salate erst unmittelbar vor dem Servieren: Sonst fallen sie zusammen, diese Gefahr ist bei zarten Frühlings-und Sommersalaten am größten. Also macht zu diesen Salaten eher leichte Dressings (Vinaigrettes), eventuell mit Kräutern, während ihr zu einem guten Zuckerhut schwere Geschütze auffahren könnt. Wenn ihr im Frühsommer trotzdem mal ein dickes Dressing an den Mann / die Frau bringen wollt, dann serviert Dressing und Blätter extra, sozusagen als Sommerdipp.

Am Schluß noch ein paar Öko-Insidertips:
- Während sich die konventionelle Hausfrau über leicht ausgewachsene Salate ärgert, freut sich der Öko: Er schält die Strünke und ißt sie roh, oder er bereitet sie wie Spargel zu, dann schmecken sie auch so.
- Kräuter sind immer sehr bereichernd im Salat. Ihr solltet neben den Allerweltskräutern wie Petersilie, Schnittlauch und Estragon auch mal ausgefallenere Dinge probieren, wie Salbei, Borretsch fein geschnitten, Melisse, Minze oder Fenchelkraut. Die fein ge-

hackten Kräuter solltet ihr immer mit ins Dressing tun und eine Weile stehen lassen, da ziehen sie durch und geben ihr Aroma gut ab.

Auch Wildkräuter eignen sich hervorragend als Beigabe in Blattsalaten. Für geeignete Sorten schaut einfach im Rezeptteil unter "Wildkräutersalat" (S. 78).

- Nicht nur Essig entbittert, sondern auch Senf. Er harmoniert besonders mit Endiviensalat. Eine weitere Methode zum Entbittern von Herbstsalaten ist die: Waschen mit warmem Wasser.

Noch etwas Interessantes zum Schmecken von Bitterstoffen: Euch ist bestimmt auch schon aufgefallen, daß manche Leute (meine Frau Nina und unsere Kinder Laura und Sarah) auf bittere Speisen sehr empfindlich reagieren, während andere (ich zum Beispiel) sie gar nicht wahrnehmen.

Laut "Spektrum der Wissenschaften" ist der Unterschied genetisch bedingt. Es gibt drei Gruppen: Menschen, die hyperempfindlich auf Bitterstoffe reagieren, dann solche, die bitter einfach schmecken, und solche, die es einfach nicht schmecken.

(Salattwarrguttaberbeipinkelntröpfchenauffschuhdannschukkapputtt)

Gewürze und Kräuter

Der erste Sinn von Gewürzen ist klar: Sie geben dem Essen eben die Würze. Uns schmeckt es dann besser.
Aber das ist nicht nur ein sinnlicher Flash, sondern in einigen Fällen auch handfeste Verdauungshilfe.
Wichtigstes Beispiel hierfür ist für mich der **Kümmel** bei Kohlgewächsen: Wenn man Kümmel beigibt, kann man sogar rohen Kohl ohne gröbere Blähungen verdauen. Und wie herrlich schmeckt beispielsweise ein Salat aus rohem Weißkohl, oder aus Blumenkohl? Die gleiche, verdauungsfördernde Wirkung hat Kümmel auch bei Kartoffeln.
Falls einen der eher derbe Kümmelgeschmack stört, kann man diesen durch seine Verwandten ersetzen: **Anis- oder Fenchelsamen**, die ein eher süßliches und feines Aroma haben. **Kreuzkümmel** schmeckt eigenwillig, ist in der indischen Küche sehr verbreitet. **Mutterkümmel** ist laut Hildegard von Bingen die Wohltat für die Verdauung schlechthin. Er schmeckt sehr ähnlich wie Kreuzkümmel.

Wichtig ist auch noch **Petersilie**: kleine Mengen sollten in jeder Mahlzeit enthalten sein, sie harmonisiert die Verdauung und beinhaltet wichtige Spurenelemente und Vitamine. Außerdem wirkt sie gegen Mundgeruch.

Estragon ist ebenfalls ein Heilkraut: Er wirkt gegen Pilze. Natürlich genügt er nicht, um beispielsweise Candida zu überwinden, aber er wirkt sehr unterstützend. Ähnlich wirken **Thymian** und **Salbei**.

Eine weitere Wohltat ist die **Schärfe**: Scharfe Speisen wirken reinigend, verdauungsfördernd und schweißtreibend. Nicht umsonst essen Menschen in Gegenden wie Indien oder Südamerika, in denen die Infektionsgefahr sehr groß ist, sehr scharf. Wirkungsvoller als unser **schwarzer Pfeffer**, der in der deutschen

Küche meist die einzige Schärfequelle ist, sind **Paprika, weißer** und **Cayenne-Pfeffer** und **Chili-Schoten**: Sie geben eine feinere Schärfe ab, die eher im Hintergrund wirkt. Türkischen Chili solltet ihr meiden, der ist häufig völlig vergiftet.

Gut für den Magen ist **Ingwer**. Außerdem wirkt er reinigend und beruhigend, vor allem, wenn er eine Weile (mindestens 10 Minuten) gekocht und dadurch seine Schärfe schon verloren hat.

Ein weiteres klassisches Beispiel ist **Bohnenkraut**, das die Verdauung nicht nur von Hülsenfrüchten erleichtert. Es ist ein Gewürz, das sich sowohl warmen wie kalten Speisen eine interessante Note verleiht. Außerdem läßt es sich hervorragend trocknen, so daß man sich einen Vorrat für den Winter anlegen kann.

Curry: Ist eigentlich eine Gewürzmischung, manchmal ist eine Messerspitze davon der Pfiff. Ich habe immer einen milden und einen scharfen da.

Cucuma oder Gelbwurz: Ein subtiles Gewürz, das doch gut schmeckt, obwohl ich gar nicht genau beschreiben kann, wie es eigentlich schmeckt. Ein weiterer wichtiger Effekt von Cucuma ist die Farbe: Es macht einen wunderbaren gelb-orangen Ton. Cucuma kaufe ich immer gemahlen, da er sehr fein sein muß, was ich mit meiner Mühle nicht hinbringe.

Chili: Macht eine unaufdringlichere Schärfe wie Pfeffer, brennt eher im Hintergrund.

Nelken: sind nicht nur in Süßspeisen effektvoll, sondern können auch eine Tomatensoße interessant machen.

Vanille: Macht jeden Grießbrei zur Delikatesse, ist aber leider sehr teuer. Es gibt sie auch in sehr guter Bio-Qualität

Zimt: ebenfalls ein Süßspeisengewürz, paßt aber auch in Soßen und Suppen.

Koreander: Ebenfalls sehr vielseitig einsetzbar, gemahlen oder ganz.

Die ganzen Kräuter und Gewürze, die die deutsche Küche stiefmütterlich behandelt, sind eine Wissenschaft für sich, und sie bieten ein weites Experimentierfeld. Ich habe die Erfahrung gemacht, daß auch zum Teil sehr ungewohnte Kombinationen nicht nur interessant, sondern eindeutig sehr gut schmecken. So kann Curry vielen Süßspeisen den Pfiff verleihen, Cardamon einen Pudding zum süßen Geheimnis machen oder Fenchelsamen ein Karottengemüse abrunden.

Anfänger machen bei ihren Experimenten meistens folgenden Fehler: Sie geben von jedem Gewürz und Kraut nur ein bißchen was dazu. Das Resultat ist dann meistens, daß es nach wie vor langweilig schmeckt, aber bitterer als vorher. Ich versuche daher immer, den Speisen ein eindeutiges Aroma zu geben: Zum Beispiel gebe ich über Butterkartoffeln gemahlenen Rosmarin. Dann stelle ich durch Probieren und Nachspüren fest, daß es noch nicht rund schmeckt. Die weiteren Gewürze verwende ich dann viel sparsamer, damit die Haupt-Geschmacksrichtung erhalten bleibt. In diesem Falle würde ich vielleicht noch etwas gemahlene Muskatnuß, etwas Petersilie und ein paar Tropfen Zitronensaft dazugeben. Aber der wichtigste Wegweiser durch den Dschungel der Aromen und Geschmäcker muß immer das eigene Gespür sein, für das man sich beim Kochen auch Zeit nehmen muß: Also probiert euer Machwerk am besten in allen Phasen seiner Entstehung, manchmal, um eine Entscheidung zu treffen, und manchmal nur aus Neugier! Schließt die Augen dafür und laßt eure Soßen auf der Zunge zergehen, langsam am Gaumen entlangstreichen, und schaut einfach, was kommt!
Häufig kommt es darauf an, den Eigengeschmack der Speisen zu erhalten, ihn nicht zu übertönen, sondern eher zu unterstreichen.

Voraussetzung dafür ist natürlich, daß man diesen Eigengeschmack nicht schon vorher wegkocht. Also sollte man Gemüse immer mit möglichst wenig Wasser kochen, und nicht zu lange. Empfindliches Beispiel sind Pilze: Man kann mehrere Kilo bester Steinpilze so würzen, daß sie zwar interessant oder rassig schmecken, aber eben nicht mehr nach Pilzen. Und man kann aus einer Handvoll mittelmäßiger Champions eine wunderbar "pilzige" Soße machen, die, im Verbund mit einer ordentlichen Lage Kartoffelknödel, jeden ins Schwärmen bringen. Wie das genau geht, steht im Rezept "Pilzsoße" (S. 142).

Hier noch ein paar theoretische Grundlagen zum Würzen: Die Hauptgeschmacksrichtungen sind süß, sauer, scharf, salzig und bitter. Diese Richtungen bilden immer einen Akkord, der eine gewisse Ausgewogenheit braucht. Dabei kann der bittere Ton ruhig im Hintergrund sein oder ganz fehlen, ebenso die Schärfe. Die anderen drei Grundtöne sollten aber alle immer vertreten sein, egal, ob es sich um eine Süßspeise, um ein Eiweiß- oder ein Gemüsegericht handelt. So tue ich sogar in einen Pudding eine ganz kleine Prise Salz, die den Geschmack irgendwie fester macht. Andere Beispiele sind schon in der Natur vertreten: Tomaten und Paprika zum Beispiel schmecken sowohl sauer als auch süß, ebenso wie die meisten Obstsorten. Karotten hingegen haben kaum eigene Säure. Deshalb brauchen sie sowohl roh als auch gekocht etwas Säure. Da ich ihr feines Aroma nicht übertönen will, wähle ich dafür meistens einen Schuß Zitronensaft, der, im Gegensatz zu Essig, kaum hervorschmeckt, sondern eher geschmacksverstärkend wirkt, was sich in vielen Kombinationen bewährt.

Meine Süßspeisen finden u. a. deshalb so viel Anklang, weil ich sie mit Birnen-Dattelkraut süße. Und das enthält neben der fruchteigenen Süße auch die Fruchtsäure, so daß wieder ein harmonischer Akkord entsteht. Umgekehrt finde ich die reine Süße weißen Zuckers inzwischen widerlich.
Ein weiteres Beispiel meiner "Musiktheorie" ist eine Pfannkuchencreation von mir: Ich mache ganz normale Pfannkuchen, die

ich erst mit Birnen-Dattelkraut beschmiere, anschließend mit Chili-Pickles, die sehr viel Schärfe und etwas Salz enthalten.

Der bittere Ton ist übrigens in Bio-Lebensmitteln viel häufiger enthalten als in konventioneller Nahrung. Weißmehl wurde ja unter anderem extrahiert, weil es nicht mehr bitter, sondern "fein" schmecken sollte (wobei meiner Meinung nach "fein" mit "leer" verwechselt wurde). Ich glaube, daß die hohe Zahl an Lebererkrankungen nicht nur auf zuviel Fett oder Alkohol zurückzuführen ist, sondern auch darauf, daß die meisten Menschen zu wenig Bitterstoffe zu sich nehmen.

So, wie es viele verschiedene Arten der Säure im Essen gibt, findet man auch viele Arten der Süße, von der milden Süße einer gekochten Pastinake bis zur "Zuckersüße" einer reifen Dattel, und verschiedene Schärfen, vom schwarzen Pfeffer, über Rettich und Radieschen bis hin zu Papayakernen und Ingwerwurzel, die ihre Schärfe erst eine halbe Minute nach dem Essen entfalten. Wie man diese feinen Töne des Orchesters einsetzt, kann man wohl nicht mehr durch ein Regelwerk beschreiben, genausowenig, wie man Regeln für ein bewegendes Musikwerk aufstellen kann. Der einzige Führer kann dabei das eigene Empfinden und Spüren sein. Und um das möglichst stark zur Verfügung zu haben, braucht man nicht nur Sachkenntnis, sondern auch einen sensiblen Körper und eine generelle Öffnung für das Leben, zu der ich euch hiermit herzlichst einladen will.

Nüsse und Ölsaaten

Eine Bereicherung für viele Gerichte sind Nüsse und Ölsaaten. Nicht nur alle möglichen Salate lassen sich damit aufpeppen, sondern auch Gemüse, Eiweiß- und Süßspeisen.

Während man die Ölsaaten, wie z.B. Sonnenblumenkerne, so nimmt, wie sie sind, sollte man größere Nüsse, wie Haselnüsse oder Mandeln, zerkleinern. Ich ziehe das grobe Hacken vor, da gemahlene Nüsse im Essen untergehen, nicht mehr bemerkbar sind. Außerdem finde ich das Zerkauen von Stückchen angenehm. Wichtig ist das vorherige Anrösten: Vieles wird nicht nur bekömmlicher, sondern auch der Geschmack intensiviert und verfeinert sich.

Das Anrösten funktioniert folgendermaßen:

Eine Pfanne auf den Herd stellen und die Nüsse hineinstreuen. Mit großer Flamme erhitzen. Wichtig ist es, die Nüsse oder Körner die ganze Zeit in Bewegung zu halten, so daß nichts zu lange am Pfannenboden liegen bleibt und anbrennt.

Fertig sind die Dinger, wenn ein stark nussiger Geruch aufsteigt, und wenn die Körner etwas goldbrauner sind als vorher. (Wenn sie dunkelbraun oder schwarz sind, war es zu viel.)

Anschließend noch ein paar Kombinationsmöglichkeiten:

Ölsaaten:

Sonnenblumenkerne: vorzüglich für Rohkostsalate aus Karotten, Kürbissen, oder Sellerie
Sesamkerne: Gleichermaßen geeignet für rohe und gekochte Gemüse, aber auch für Kartoffeln. Sogar für Süßspeisen wie Grießbrei oder Vanillesoße geeignet.
Kürbiskerne: Hervorragend für grüne und Rohkostsalate, auch für Gebäck oder auf Aufläufe.
Pinienkerne: Vor allem für Süßspeisen geeignet, geben einen exotischen Touch. Auch gut für exotische Salate.

Nüsse:

Haselnüsse: universell verwendbar, am besten grob gehackt. Harmonieren auch super mit rohen oder gekochten Trockenfrüchten.
Cashewnüsse: Die entwickeln ihren Geschmack überhaupt erst beim Rösten. Sie schmecken sehr fein, etwas süßlich, und harmonieren mit Süßem und mit Scharfem. Cashew-Bruch ist viel billiger als ganze Kerne, und man spart sich das Hacken.
Mandeln: Da Mandeln vor allem in der Schale Blausäure enthalten, die giftig ist, solltet ihr nur geschälte Süßmandeln zu verwenden. Auch mit diesen sollte man sparsam umgehen. Sie verfeinern vor allem Süßspeisen und Kuchen.

Ich verwende Nüsse nicht täglich, da sie doch viel Fett beinhalten, aber doch immer wieder. Sie machen aus einfachen Gerichten echte Leckereien.

Ghee

Ghee wird häufig in der indischen Küche verwendet und ist eines der wenigen Fette, die man erhitzen kann. Es gibt den Speisen beim Braten ein feines, aber dennoch deftiges Aroma.
Ghee ist eigentlich Butterschmalz, was aber in biologischer Qualität schwer zu bekommen ist. Der Unterschied zur Butter ist lediglich, daß alle leicht brennbaren Anteile und das Wasser entzogen sind.

Ghee selbst herzustellen ist ziemlich einfach, ihr braucht allerdings etwas Geduld dazu.

Nehmt hierzu mindestens ein Pfund Butter, Ghee nur für eine einzelne Mahlzeit herzustellen lohnt sich nicht, und funktioniert auch nicht. Ihr könnt in einem großen Topf sogar mehrere Kilo auf einmal herstellen. Dazu geht ihr folgendermaßen vor:

Die Butter in einem Topf erhitzen, bis Blasen aufsteigen. Das ist das Wasser, das aus der Butter heraus verdampft. Die Butter mindestens eine, besser zwei Stunden lang erhitzen. Dabei immer wieder den entstehenden Schaum mit einem Schaumlöffel (Lochkelle) abschöpfen. Die Temperatur dabei so wählen, daß das Fett möglichst heiß ist, ohne daß es braun wird oder gar anbrennt. Das ist bei jedem Herd eine andere Stufe.

Das fertige Ghee in heißem Zustand auf mehrere Metall- oder Blechbehälter verteilen und nach dem Aushärten in den Kühlschrank stellen, wo es eine Weile hält.

Sonstige Tips und Kniffe

Kochen von Gemüse oder Kartoffeln:
Die meisten Gemüse müssen nicht mit Wasser bedeckt sein, es genügt, wenn im Topf ein paar Zentimeter Wasser stehen. Wichtig ist dabei nur, daß der Topf einen gut schließenden Deckel hat, dann werden die oberen Kartoffeln oder Gemüse auch im Dampf gar. Dabei laugen sie dann viel weniger aus.

Kochwasser:
von Gemüsen schütte ich nie weg, sondern verwende es weiter als Grundlage für Soßen oder Suppen.

Hülsenfrüchte:
Getrocknete Hülsenfrüchte wie Linsen oder grüne Erbsen muß man immer etliche Stunden einweichen, am besten über Nacht, damit sie verdaulich werden. Dann das Einweichwasser wegschütten und die Hülsenfrüchte nochmals waschen.

Bei Kräutern wie Petersilie oder Dill verwende ich auch die weniger harten Teile der Stiele: ich schneide sie einfach sehr fein, natürlich quer zu den Fasern, was durch Hacken nicht zu erreichen ist.

Milch gerinnt nicht mehr so leicht, wenn sie mit Stärke vermischt wird: Das kann die Stärke aus Dinkel, Kartoffeln oder sonst einem Kohlehydrat sein. Vorteilhaft ist das u. a. beim Süßen: Wenn man in die Milch erst den Grieß oder zum Beispiel Puddingpulver gibt, kann man anschließend auch mit säuerlichen Süßungsmitteln arbeiten wie z.B. Apfeldicksaft. Auch wenn man milch- oder sahnehaltige Soßen mit Zitrone oder Essig abschmeckt, sollte immer vorher Getreide dabei sein.

Ich überlege mir immer genau, wie ich ein **Gemüse schneide**: Große Stücke behalten mehr Eigengeschmack, haben eine längere

Garzeit und wirken etwas derber, kleine Stückchen oder sogar Raspeln sind schnell gar und wirken feiner, können aber auch langweilig sein. Häufig schneide ich die festeren, langsam garenden Gemüse feiner (z.B. Sellerie, Rüben), und kombiniere sie mit großen Stücken Zucchini oder Auberginen.

Avocados werden wenige Minuten nach dem Aufschneiden braun. Wenn ihr eine Creme oder halbierte Avocados noch eine Weile aufbewahren wollt, legt den Kern wieder dazu, dann laufen sie viel weniger an.

Was koche ich?

Diese Frage quält Tag für Tag Millionen von Hausfrauen und – Männer in allen Teilen der Erde, und wer weiß, wo sonst noch im Kosmos......und auch ich kann euch darauf keine eindeutige Antwort geben, aber dennoch einige Werkzeuge, um dieses Problem zu lösen.

Ich gehe dabei folgendermaßen vor: Zuerst mache ich mir klar, für wieviele Leute ich koche, wieviel Zeit ich dafür habe und ob ich einen Festschmaus oder ein "normales" Essen kochen will. Dann richte ich mich noch nach dem, was gerade im Garten reif ist, was vielleicht schon in der Speisekammer liegt, oder was zumindest gerade Saison hat. Das sieht dann so aus:

Meistens beginne ich die Mahlzeit mit einem Salat: an Werktagen vielleicht ein einfacher Kopfsalat mit Vinaigrette und Kräutern. Im Winter und Frühling vielleicht Salat aus gelben und roten Rüben, eventuell mit Wildkräutern. Bei festlichen Anlässen mache ich mehrere verschiedene Salatsorten, die ich dann hübsch auf die Teller lege und mit bunten Gemüseteilen oder Blüten dekoriere. (Siehe "Wildkräutersalat" S. 78)
Dann mache ich eine Hauptspeise und, je nach Zeit, verschiedene Beilagen: Die Hauptspeise könnte zum Beispiel ein Sellerieschnitzel sein, dann wären sinnvolle Beilagen Reis und eine Soße. Wenn die Hauptspeise schon ein Kohlehydrat ist, wie zum Beispiel Pfannkuchen oder Nudeln, kombiniere ich nur mit Gemüsen, entsprechendes gilt für eiweißhaltige Hauptspeisen.

Was ist überhaupt eine Hauptspeise? In der klassischen Küche ist das meistens Fleisch oder Fisch, die vielleicht knusprig sind, eine Soße haben und die man beißen und vielleicht schneiden muß. (In unserer traditionellen deutschen Küche ist das Fleisch meistens eh das einzige, das nach irgendetwas schmeckt.)

Ich serviere ebenfalls diese Hauptspeise, allerdings in Gemüse-ausführung, die man dann auch beißen und schmecken kann, aber auch meinen Beilagen lasse ich einen Eigengeschmack zukommen, der dann natürlich auf die "Hauptspeise" abgestimmt sein muß.

Nachspeisen serviere ich nur an Feiertagen, denn meistens ist das Essen dann nicht mehr so ganz Trennkost und man überfrißt sich häufig, da man zu gierig ist, um beizeiten aufzuhören, was die Verdauung entsprechend erschwert. Außerdem muß man, wenn man viele verschiedene Gerichte zu einem Menü vereinigt, die Portionen der einzelnen Rezepte entsprechend verkleinern.

Zu den Rezepten

Nachfolgend findet ihr eine Auswahl der Gerichte, die ich mit Vorliebe koche.

Um dieses Buch zu schreiben, habe ich in letzter Zeit immer die Rezepte, die außergewöhnlich waren, aufgeschrieben. Und zwar **nachdem** ich sie gekocht habe. Ihr seht also, daß ich nie nach Rezepten koche, außer ich will mir einen völlig neuen Kochstil aneignen. So kochte ich ein paar mal indische Gerichte nach genauer Anleitung. Dadurch bekam ich ein Gefühl für wichtige Prinzipien der indischen Küche, so daß ich "indisch" jetzt auch intuitiv koche.

Das gleiche empfehle ich euch: Haltet euch an die Rezepte, damit ihr mit der Trennkost-, Bio-, und vegetarischen Küche vertraut werdet. Dann verlaßt die vorgegebenen Pfade, nehmt meine Rezepte nur noch zur Anregung und Weiterentwicklung. Denn Kochkunst ist nicht, wie ein Computer Schritt für Schritt die Anweisungen eines Rezepts zu befolgen, sondern ein kreativer Akt, der einerseits viel Gefühl verlangt, aber auch Verstand und Flexibilität, um auf gegebene Umstände wie Jahreszeit und bestehende Vorräte einzugehen.

Ein weiterer Punkt sind die Mengenangaben: Was man schon sagen kann, ist, wieviel Reis oder Kartoffeln ein Durchschnittsmensch braucht, um satt zu werden. Allerdings essen junge Menschen viel mehr als Bejahrte, Männer, die körperlich arbeiten mehr als Frauen, die geistig arbeiten. Also seid flexibel. Ganz schwierig werden die Mengenangaben bei Gewürzen: Während eine Currysorte teelöffelweise gegessen werden kann, zerlegt eine andere Sorte schon mit einer Messerspitze die Geschmacksnerven.

Genauso ist es bei Kräutern: Gewächshauskräuter schmecken häufig nach nichts, vor allem, wenn sie viel Wasser, viel Wärme und wenig Licht hatten. Freilandkräuter dagegen, die mit Trockenheit, Wind und Sonne umgehen mußten, haben einen sehr intensiven Geschmack, man braucht also viel weniger davon. Eine kurze Riechprobe zeigt schon vieles! Überhaupt sind die Schwankungen bei Öko-Produkten viel größer, da ja jede Pflanze, jeder Landwirt und jeder Acker Individuen sind, die dann nicht durch unsere biochemische Industrie gleichgeschaltet werden.

Selbst Salz kann sehr unterschiedlich sein: Seine "Salzkraft" hängt unter anderem davon ab, wie trocken es ist.

Also: Bleibt immer in Kontakt mit Eurem Essen: Ist die Soße schon dickflüssig genug, oder nehme ich noch etwas Dinkelgrieß? Brauche ich noch etwas von diesem oder jenem Gewürz? Sind die Nudeln schon durch? Mit solchen Fragen solltet ihr euch immer konfrontieren, um euch und euren Lieben gerecht zu werden, denen ihr mit eurem Kochen einen Teil eurer Energie gebt.

Um euch in die richtige Stimmung und Haltung zu versetzen, schließt vor dem Kochen einen Moment die Augen, stellt euch vor, für wen ihr alles kocht und beschließt, daß euer Schaffen ein echtes Geschenk sein soll.

Senfdressing

Zutaten für 1 Salatkopf:

1 TL gekörnte Brühe..................   oder ½ TL Salz
2 EL Balsamico
2 EL Olivenöl
2 EL Senf
frischer Estragon
1 Messerspitze schwarzer Pfeffer

Eine Art Salat anzumachen, die sich am besten für die Herbst - und Wintersalate eignet, wie zum Beispiel Endivien-, Radiccio- oder Zuckerhutsalat, da Senf den bitteren Geschmack nimmt.

Für wieviele Personen ein mittlerer Salatkopf ausreicht, hängt natürlich ganz davon ab, ob der Salat nur eine kleine Beilage ist, oder ob ihr richtige Salatesser seid.

Den Estragon braucht ihr nicht unbedingt, aber er harmoniert unheimlich gut mit dem Senf. Mit dessen Auswahl steht und fällt übrigens die ganze Sache: Während die meisten Sorten im Supermarkt nur scharf und sauer, also irgendwie "tot" schmecken, habe ich mit Bio-Senf meistens gute Erfahrungen gemacht.

Anleitung:

Für die Vorbereitung des Salats bitte in den Grundrezepten nach-
schauen.
Als erstes den Salat mit dem Essig beizen.

Dann die anderen Zutaten, der Estragon muß natürlich vorher
gewaschen und gehackt werden, in ein Schälchen geben und mit
einer Gabel verquirlen.

Kurz vor dem Essen den Salat mit dem Dressing vermischen und
nochmal abschmecken, eventuell noch etwas Salz, Senf oder Essig zugeben.

Kräutertraum

Zutaten für 4 Personen:

250 g Sauerrahm
500 g Joghurt
1 kleine Zitrone
1 Bund Dill
Petersilie
Fenchelkraut
ein paar Zweige Basilikum
ein paar Blätter Zitronenmelisse
½ TL Salz

Eine Dippsoße, die an Frische kaum zu überbieten ist.
Natürlich könnt ihr einige Kräuter weglassen und andere dafür dazunehmen. Dabei solltet ihr darauf achten, daß kein Kraut zu stark dominiert. Wenn ich zum Beispiel Bohnenkraut nehme, kombiniere ich vielleicht mit Estragon, etwas Salbei oder Liebstöckl. Eine Dritte Variante ist etwas Pfefferminz mit Zitronenmelisse und Petersilie. Je intensiver ein Kraut schmeckt, desto weniger braucht ihr davon.
Dieser Dipp eignet sich besonders für Rohkost, die ihr folgendermaßen anrichtet: wascht, putzt und schneidet alles in Streifen, was ihr frisch kriegen könnt: Gelbe Rüben, Rote Bete, Fenchel, Tomaten, Weißkraut, Gurken, Pastinaken, alle möglichen Salate, Zucchini, und und und...

Anleitung:

Den Sauerrahm mit dem Salz in eine Schüssel geben.

Die Kräuter waschen, fein hacken und dazumischen. Dann das Ganze eine Weile stehen lassen, damit sich das Aroma der Kräuter gut mit dem Sauerrahm vermischt.

Am Schluß den Joghurt dazumischen.

Drachencreme

Zutaten für 4 Personen:

250 g Sauerrahm
500 g Joghurt
1 TL Cucuma
1 TL gekörnte Gemüsebrühe
1 – 2 TL Currypaste "Vindaloo", von Patak
1 TL Essig

Manche mögen's heiß... ich zum Beispiel.
Schärfe ist zwar nichts für jemanden mit empfindlichem Darm, aber sie wärmt, fördert die Durchblutung, ja weckt sogar die Lust!

Diese Soße eignet sich wiederum zur Kombination mit allen rohen Gemüsen, schmeckt aber auch gut mit Fisch oder zu warmen Gemüsen.

Patak´s Vindaloo Curry-Paste bekommt ihr in Feinkost- oder Asien-Läden.

Anleitung:

Den Sauerrahm mit der Brühe, den Gewürzen und dem Essig in eine Schüssel geben, gut durchrühren und eine Weile stehen lassen, damit das Cucuma eine Weile durchziehen kann.
Am Schluß den Joghurt dazumischen.

Avocadocreme

Zutaten für 4 Personen:

2-3 halbreife Avocados
1 Zitrone
½ TL Salz
schwarzer Pfeffer
2 EL Joghurt

Ein simples Rezept, das sich geschmacklich nicht in den Vordergrund drängt, sondern das feine, leicht säuerliche, nußartige Aroma der Avocado hervorhebt. Also ist es wichtig, daß keine wässrigen, langweiligen Avocados kauft, sondern Gehaltvolle. Die besten Erfahrungen habe ich mit Bio-Avocados gemacht.

Ihr könnt diese Creme mit Salat, aber auch mit Rohkost kombinieren. Sie gibt auch einen sehr guten Brotbelag ab.

Wenn ihr die Creme nach der Zubereitung noch etwas aufbewahren wollt, dann gebt sie in den Kühlschrank und legt den Kern dazu, dann wird die Paste nicht braun.

Anleitung:

Die Avocados längs halbieren und den Kern entnehmen. Dann mit einem Löffel das Fleisch aus der Schale schürfen und in eine Schüssel geben.

Die Avocados mit einer Gabel pürrieren, Salz, Pfeffer und den Saft der Zitrone dazumischen und servieren.

Karottensalat

Zutaten für 4 Personen:

500 g Karotten
1 Zitrone
2-3 EL Sonnenblumenöl
50 - 100 g Sonnenblumenkerne
Salz
Weißer Pfeffer

Ein einfaches Rezept, das sehr gut die Feinheit und Süße der Karotten heraushebt.

Anleitung:

Die Sonnenblumenkerne in der Pfanne anrösten (siehe Grundrezepte S. 59)
Die Karotten schrubben und fein reiben. Dann einfach das Öl, den Saft der Zitrone, Salz und Pfeffer zugeben, gut mischen und etwas ziehen lassen. Kurz vor dem Servieren noch die Sonnenblumenkerne daruntermischen.

Wildkräutersalat

Zutaten:

junge Löwenzahnblätter
junge Brennesseltriebe
junge Gierschtriebe
Gänseblümchen
Tripmadam
Sauerampfer
junge Blätter von Kohlgewächsen
Vogelmiere
Feldsalat
Spitzwegerich
Kai Choi
Pak Choi
Pimpernelle
Fenchelkraut

Balsamico
Kürbiskernöl oder Olivenöl
Salz
Pfeffer

Eine meiner größten Freuden in jedem Frühling, denn einige der oben genannten Kräuter wachsen schon, sobald der Schnee getaut ist, also noch lange vor jedem Kopfsalat.
Natürlich ist obige Liste nicht vollständig, sie soll nur einen Eindruck davon vermitteln, was alles eßbar ist: Fast alles, was da so grünt, und vieles schmeckt sogar außerordentlich interessant.
Eigentlich müßte ich euch noch eine Liste mit Abbildungen der Pflanzen mitgeben, aber das würde den Rahmen dieses Buches sprengen.

In obige Liste habe ich sowohl echte Wildkräuter aufgenommen, die auf jeder gesunden Wiese wachsen, als auch Gartenkräuter, die dort aber zum Teil als Unkraut bekämpft werden. Natürlich braucht ihr nicht alle der oben aufgeführten Pflanzen, oder ihr kombiniert mit anderen Salaten oder geriebenen Wurzelgemüsen. Wichtig ist, daß ihr eine ungedüngte und ungespritzte Wiese habt, die auch nicht unbedingt an der Autobahn liegen sollte.

Anleitung:

Eine genaue Anleitung ist in diesem Fall schwierig, da es für das Anrichten von Wildkräutern viele Möglichkeiten gibt.
Wichtig ist jedenfalls erst einmal, die Kräuter gut zu waschen. Dann kann man sie einfach so servieren, da die meisten von ihnen einen sehr ausgeprägten Eigengeschmack haben. Das ist vor allen Dingen interessant, wenn man sie zu einem angemachten Salat serviert, wie dem rohen Krautsalat (S. 84) oder dem Karottensalat (S. 76)
Eine weitere Möglichkeit ist, eine meiner Dippsoßen dazuzureichen.
Oder ihr schneidet die Kräuter klein, beträufelt sie mit Balsamico und laßt sie 10 Min. ziehen. Dann schmeckt ihr sie mit Salz, Pfeffer und etwas Öl ab.

Kürbis-Salat

Zutaten für 6 Personen:

1 Hokkaido-Kürbis, ca. 1 Kg
100 g Rosinen
1 EL Dattelkraut............................ oder 1 TL Honig
1 TL Salz
5 EL Balsamico (Essig)
1 EL Bierhefe
1 Messerspitze scharfes Paprikapulver
einige Blätter Liebstöckl
3 EL Sonnenblumenöl

Ein sehr nahrhafter, süßer Salat, der sich auch prima für ein reines Rohkost-Essen eignet.
Wenn ihr allerdings Probleme mit Pilzerkrankungen wie Candida-Befall habt, solltet ihr die Bierhefe durch Gomasio ersetzen.

Anleitung:

Den Kürbis entkernen, bei harter Schale schälen, und grob reiben.
Rosinen, Essig, Salz, Paprika, den gehackten Liebstöckel und
Bierhefe dazumischen und das Ganze mindestens 30 min. ziehen
lassen.
Dann das Öl und die Sahne dazugeben.

Tomatensalat

Zutaten für 3 Personen:

500 g Tomaten
2 – 3 Zweige Basilikum
2 EL Balsamico
2 EL Olivenöl
Salz
Pfeffer

Eigentlich ein Standardrezept, das ich hier aber nochmals erwähnen möchte, da es für mich die beste Art ist, Tomaten zu essen.
Der Geschmack steht und fällt natürlich mit der Qualität der Zutaten: Mit Tomaten, die (im eigenen Garten oder auf dem Balkon) bis zuletzt in der Sonne gereift sind, mit gut abgelagertem Balsamico und würzigem Olivenöl, ist dieses einfache Rezept ein Traum, der einen aus dem Stand in Urlaubsstimmung versetzen kann.

Anleitung:

Die Basilikumblätter vom Stiel trennen, waschen und grob hacken. Mit Salz, Pfeffer, Essig und Öl vermischen und eine Weile
durchziehen lassen.
Etwa 10 Min. vor dem Essen mit den gewaschenen und nicht zu
fein geschnittenen Tomaten vermischen. Am Schluß nochmals
abschmecken und gegebenenfalls nachwürzen.

Roher Krautsalat

Zutaten für 4 Personen:

1 kleinerer Weißkohl..................   kann auch Blaukraut sein
50 g Rosinen
50 g Haselnüsse.........................   oder Cashewkerne
4 EL Balsamico (Essig)
4 EL Sonnenblumenöl
½ TL Salz
1 Messerspitze Cayenne-Pfeffer
1 TL Anissamen.........................   oder Fenchelsamen
1 EL Dattelkraut
1 TL Gomasio

Ein Salat, der zeigt, daß unser deutsches Kraut nicht derb oder hausbacken schmecken muß, sondern daß es auch so verwöhnte und empfindliche Gaumen wie den meiner Tochter Sarah kitzeln kann.

Roh gegessene Kohlarten sind extrem wichtig für unseren Körper: Sie beinhalten sehr viele Vitalstoffe, beugen Infektionen, Verkalkung und sogar Krebs und Rheuma vor. Wenn man den Anis- oder Fenchelsamen nicht vergißt, halten sich auch die „Winde" in Grenzen.

Anleitung:

Den Weißkohl halbieren und beide Hälften in feine Streifen schneiden, und zwar immer quer zur Faser der Blätter. Holzige und derbe Strünke müssen natürlich entfernt werden.

Dann den Essig, die Rosinen, den fein gemahlenen oder zerstampften Anissamen und das Salz druntermischen und das Ganze mindestens eine halbe Stunde ziehen lassen.

Währenddessen die Nüsse grob hacken und anrösten (siehe „Grundrezepte").

Dann Öl, Dattelkraut, Gomasio und den Cayenne-Pfeffer dazumischen.

Die Haselnüsse werden erst unmittelbar vor dem Servieren darübergestreut.

Avocado-Kartoffelsalat

Zutaten für 4 Personen:

½ Kg Kartoffelm
Kümmel
2 halbreife Avocados
2 – 3 EL Essig
1 TL gekörnte Brühe
schwarzer Pfeffer
2 EL Sauerrahm
2 EL Bio-Mayonaise

Eine Kombination, von der ich sehr überrascht war, als ich sie zum ersten mal aß: sämig, frisch, herzhaft, erdig. Dieses Rezept verträgt auch ziemlich unreife Avocados, sie dürfen nur nicht steinhart sein.

Dieser Salat sättigt sehr, eignet sich demzufolge auch als sommerliche Hauptspeise oder als Abendessen.

Anleitung:

Die Kartoffeln kochen (mit etwas Kümmel), abkühlen lassen, schälen und in Scheiben schneiden. Die Avocados schälen und in Würfel schneiden. Den Essig, die gekörnte Brühe und den gemahlenen Pfeffer dazugeben und eine Weile ziehen lassen. Dann noch Sauerrahm und Joghurt dazumischen.

Suppe für Faule

Zutaten für 2 Personen:

½ l Wasser
1 große Karotte......................... es gehen die meisten
½ Fenchel Gemüse
2 TL gekörnte Gemüserbrühe
etwas Petersilie
Pfeffer
1 - 2 EL Sauerrahm
oder 1 Ei

Ein echter Ersatz für Tütensuppen, bei dem man wenigstens weiß, was man ißt!
Eine Variante dieser Suppe habe ich schon im Hotelzimmer nur mit Hilfe eines Teekochers gemacht, dabei habe ich dann das Gemüse etwas feiner gerieben und das Ganze nur mit kochendem Wasser überbrüht und 5 Min. abgedeckt ziehen lassen.

Anleitung:

Das Wasser in einem Topf zum Kochen bringen, währenddessen die Karotte raspeln und den Fenchel in feine Streifen schneiden. Wenn das Wasser kocht, die Gemüse, die Brühe und den Pfeffer hineinwerfen und den Herd ausmachen. Wenn ihr die Suppe mit Ei wollt, dann müßt ihr dieses jetzt hineinschlagen und verrühren. Noch zwei Minuten im abgedeckten Topf ziehen lassen. Mit darüberschwimmendem Sauerrahm servieren.

Sagosuppe

Zutaten für 4 Personen:

½ l Wasser
250 g Karotten
250 g Sellerie
1 - 2 EL Gemüsebrühe.........................   oder 1 - 2 TL Salz
Liebstöckel
1 Zweig Estragon
½ Bund Petersilie
Sauerrahm
schwarzer Pfeffer
1 EL Balsamico
100 g Sago

Das ist meine Lieblingssuppe, die die Welt allerdings in zwei Lager teilt: Die einen werden mir begeistert beipflichten und die Herzhaftigkeit und Konsistenz dieses Gebräus loben, die anderen werden ein gemeinsames „igittegittpfuideibel" anstimmen.
Wenn man das Ganze wenigstens etwas handzahmer machen will, läßt man den Estragon, den Essig und den Liebstöckel weg.
Beim Sago ist es wichtig, daß man echten Palm-Sago erwischt und nicht eines der zahlreichen Imitate aus Kartoffelstärke. Sago ist auch bekannt als „(Perl-) Tapioka".

Anleitung:

Das Wasser mit der Brühe bzw. dem Salz zum Kochen aufstellen. Dann die Karotten in ca. 0,5 cm dicke Scheiben und den Sellerie in 1 cm große Würfel schneiden und dazugeben. Nach 5 Minuten Kochzeit Pfeffer und Sago hineinschütten und immer wieder umrühren, da er sonst anbrennt. So lange köcheln lassen, bis die weißen Perlen durchsichtig, aber noch nicht zerfallen sind. Kurz vor Schluß die gehackten Kräuter und den Balsam-Essig dazugeben. Ich könnte drin baden!

Rote Suppe

Zutaten für 4 Personen:

¼ l Wasser
500 g rote Rüben (rote Bete)
1 – 2 TL gekörnte Brühe
150 ml Sauerrahm
½ Zitrone
Petersilie
2 EL Gomasio

Eine Suppe, die zuerst einmal durch ihre Farbe auffällt, mit ihrem Rot schlägt sie jeden noch so chemischen Farbstoff aus dem Feld. Der Geschmack ist erdig-würzig, die Suppe ist sehr gehaltvoll. Deshalb gibt sie, vielleicht mit Brot oder einem Getreide, eine vollständige Mahlzeit ab. Und roten Rüben wird die Förderung der Blutbildung nachgesagt.

Anleitung:

Die roten Rüben schrubben und in 0,5 – 1 cm dicke Scheiben schneiden. Mit dem Wasser und der Brühe in einem Topf zum Kochen bringen und so lange köcheln lassen, bis die Rüben wirklich weich sind.

Dann pürieren, und mit den Gewürzen, der Hälfte des Sauerrahms und dem Saft der halben Zitrone abschmecken. Wenn man zum Pürieren einen Mixer verwendet, wird sie am feinsten.

Die Suppe auf den Tellern servieren, in der Mitte 1 TL Sauerrahm schwimmend, und die Petersilie darüberstreuen.

Buntes Spätsommergemüse

Zutaten für 6 Personen:

500 g (Hokkaido-) Kürbis
500 g Zuchini.............................. oder Auberginen
2 – 3 Paprikaschoten................. schön bunt
1 EL Brühe................................... oder Salz
Ghee.. oder Kokosfett
150 ml Wasser
200 g Sauerrahm
400 g Joghurt
3 EL Grieß
weißer Pfeffer
2 EL Dattelkraut
1 Zweig frischer Salbei............... oder 1 Handvoll ge-
1 Schuß Olivenöl   trockneteBlätter

Eine Kombination, die sich nicht nur durch den eigenwilligen, italienischen Geschmack auszeichnet, sondern auch durch ihre Farbenpracht.
Wenn man das Ganze nicht verkocht, kann man es auch als Hauptgericht anbringen, das in der eigenen Soße schwimmt.

Anleitung:

Die ganzen Gemüse in große Würfel (ca. 3 cm) schneiden. Das Fett erhitzen und alles ziemlich scharf anbraten. Dabei ist es wichtig, die eventuell härteren Gemüseteile zuerst zuzugeben.

Dann die gekörnte Gemüsebrühe dazugeben, ebenso den Pfeffer und den Grieß einrühren.

Sauerrahm, Joghurt, Dattelkraut und den gehackten Salbei dazumischen und das Ganze bei gelegentlichem Umrühren garen, allerdings so, daß der "Biß" der Gemüse erhalten bleibt.

Unmittelbar vor dem Servieren, wenn sich das Ganze schon etwas abgekühlt hat, einen Schuß Olivenöl darüberträufeln.

Räuberpfanne

Zutaten für 4 Personen:

250 g Bohnen
1 Pastinake
1 dünne Lauchstange
1 rote Bete
1 Petersilienwurzel
1 Zuchini
½ TL Salz
1 Zweig Bohnenkraut
1 Zweig Estragon
½ TL Kümmel
Gemüsebrühe
Vindaloo-Currypaste.................. oder Curry
Ghee
etwas Joghurt

Auch bei dieser Art, Gemüse zuzubereiten, gibt es natürlich wieder unendlich viele Variationen, also müßt ihr Euch nichts denken, wenn ihr die ein oder andere Zutat nicht findet. Der Pfiff an der Sache geht von der Lauchstange, den Bohnen und den Wurzelgemüsen aus.

Anleitung:

Die Lauchstange putzen und in feine Ringe schneiden. Die Pastinake und die Petersilienwurzel schrubben und grob reiben.

Das Ghee in einer großen Pfanne oder einem Topf mit dickem Boden erhitzen. Dann die Lauchringe darin glasig braten. Anschließend die geriebenen Wurzeln mit dem Salz, der Currypaste, dem zerstoßenen Kümmel und den gehackten Kräutern ebenfalls anbraten.

Jetzt der Reihe nach die ganzen anderen Gemüse in Würfel schneiden und in die Pfanne geben. Dabei fangt mit dem härtesten Gemüse an und hört mit dem Weichsten auf, so daß am Ende alle zugleich fertig sind.

Wenn alle Gemüse drin sind, dann legt einen Deckel auf die Pfanne und laßt alles noch bei schwacher Hitze ziehen. Sollte die Sache zu trocken werden, einfach etwas Joghurt druntermischen

Spinat

Zutaten für 6 Personen:

1 Kg Mangold.......................... oder 1 Kg junge Brennessel
oder 1 Kg Spinat

1 gestr. EL Salz
2 EL Grieß
100 ml Sahne
ca. 50 g frischer Ingwer
1 kleine Zitrone
1 gestrichener TL Curry
1 Messerspitze weißer Pfeffer

Ein Festschmaus, der sich super mit Pfannkuchen kombinieren läßt, der aber auch mit Pellkartoffeln oder mit Maiskolben einen guten Eindruck hinterläßt.

Im Frühling schießen die Brennesseln noch vor jeder Kulturpflanze aus dem Boden, und genau dann sind die jungen Triebe besonders zart! Also die Gelegenheit, einmal mit Wildgemüsen zu kochen! Zumal Brennessel eine wahre Wunderpflanze ist: Sehr mineralhaltig und sehr eiweißhaltig! Daß ihr eure Brennesseln nicht gerade vom Autobahnrand oder vom Hundeklo holt, versteht sich ja wohl von selbst!

Wenn ihr empfindlich auf das Brennen der Nesseln reagiert, benutzt Handschuhe zum Pflücken und schlagt die Pflanzen anschließend ein paarmal gegen eine Tischplatte, dann sind sie entschärft.

Anleitung:

Die Blätter waschen, putzen und kleinschneiden. Bei Mangold auf keinen Fall die dicken Stiele wegwerfen, sondern nur quer zum Faserverlauf schneiden!
In einem sehr großen Topf das Fett erhitzen und das ganze Grünzeug kurz und scharf anrösten.
Dann einfach mit Deckel weiter köcheln lassen.
Währenddessen den Ingwer in sehr kleine Würfel schneiden und dazugeben. Dann den Grieß beimischen.
Die Zitrone auspressen und dann Zitronensaft ebenfalls einrühren.
Die Sahne und den Pfeffer noch dazu, und schon seid ihr fertig!

Sauerkraut

Zutaten für 5 Personen:

1,5 Kg Sauerkraut
1 Apfel
250 g Pastinaken
½ TL Kreuzkümmel
½ TL Anissamen
1 EL Wacholderbeeren
2 Lorbeerblätter
1 TL Ghee

Unser deutsches Nationalgericht einmal ohne Speck und Würste. Und dennoch schmackhaft und fein.

Auch Sauerkraut gibt es natürlich aus biologischer Erzeugung, und nur dieses empfehle ich euch.

Als Beilage eignen sich Kartoffeln in verschiedensten Variationen: Bratkartoffeln, Reiberdatschi, Kartoffelknödel.

Und wenn ihr am Wurst- oder Speckgeschmack sehr hängt, dann kocht doch einfach Sojawürste oder geräucherten Tofu mit. Dann habt ihr gleich eine komplette Mahlzeit.

Anleitung:

Die Pastinaken schrubben, in kleine Würfel schneiden und mit dem Ghee in einem großen Topf anbraten.

Das Kraut mit in den Topf schütten, den Apfel in kleine Stücke schnippeln und mit den restlichen Zutaten dazugeben, gut durchrühren, aufkochen und dann mindestens eine, besser zwei Stunden köcheln. Dabei immer wieder umrühren. Die Samengewürze brauchen nicht gemahlen oder zerkleinert werden.

Wok-Gemüse

Zutaten für 6 Personen:

½ Kopf Weißkohl, ca. 750 g
Auberginen, Kürbis & Zucchini,
zusammen ca. 500 g
Ghee
1 TL Gemüsebrühe
100 g Rosinen
1 Dose Kokosmilch
Kreuzkümmel
Muskatnuß, gerieben
Pfeffer, Salz
1 Schuß Sahne

Ein sehr interessantes Gemüse mit chinesischem Touch, für das man natürlich nicht unbedingt einen Wok braucht, ein großer Topf tut's auch.

Das Prinzip beim Wok ist, daß man das Ganze immer in Bewegung hält, und daß man darin kurz und kräftig gart: Der Wok ist auf kleiner Fläche ziemlich heiß, so daß es so eine Mischung zwischen anbraten und schmoren ist.

Natürlich lassen sich die Zutaten wieder in alle Richtungen variieren, sehr geeignet statt der Auberginen wären beispielsweise Schwarzwurzelstücke oder Selleriewürfel.

Anleitung:

Den Weißkohl erst durch den Strunk hindurch halbieren, dann quer zu den Blättern in möglichst feine Streifen schneiden.
Das Ghee im Wok erhitzen und das Weißkraut, den Kreuzkümmel und die Rosinen zugeben. Eine Weile anbraten.
Dann die restlichen Gemüse in Würfel schneiden und ebenfalls zugeben. Die Gewürze daruntermischen, nur wenig salzen.
Jetzt die Kokosmilch dazuschütten und alles noch auf kleiner Flamme weiter garen. Kurz vor dem Servieren mit einem Schuß Sahne abrunden.

Blumenkohl

Zutaten für 4 Personen:

1 Blumenkohl, nicht zu groß
½ TL Anissamen
½ TL Curry
½ TL Koreander
Ghee.. oder Kokosfett
Salz
100 g Cashewnüsse

Eine Art, Gemüse zuzubereiten, die nicht auf Blumenkohl beschränkt ist. Was ich an dieser Zubereitungsart sehr schätze, ist zum einen der Eigengeschmack des Gemüses, zum anderen, daß große Stücke des Blumenkohls erhalten bleiben und so auch die Formschönheit dieses Gemüses auf den Tisch kommt.

Kombinieren kann man den Blumenkohl mit so ziemlich allem: Mit einer guten Soße und einem Kohlehydrat wie Reis oder Hirse, aber auch mit Schafskäse, den ihr kalt lassen oder mit dem Blumenkohl mitbraten könnt.

Anleitung:

Den Blumenkohl vom Strunk beginnend so in achtel Stücke schneiden, daß auch der Strunk geteilt ist. Das hat den Vorteil, daß der Strunk genauso schnell weich ist wie die Röschen.

In einen großen Topf legen und mit etwas Wasser, etwas Salz und einem Teil des Anissamens dünsten, allerdings nur so lange, daß der Blumenkohl noch einigermaßen hart ist.

Die Anissamen und den Koreander mahlen, dann ein Backblech oder eine große Pfanne auf den Herd stellen. Das Ghee heiß werden lassen und den Blumenkohl mit den Gewürzen darauf, unter ständigem Wenden, scharf anbraten.

Am Schluß noch die Cashewnüsse in der Pfanne anrösten und darüberstreuen.

Cocos-Auberginen

Zutaten für 4 Personen:

650 g Auberginen
25 g Cocosfett
½ TL Curry
½ TL Cucuma
1 Dose Cocosmark, 400 ml
1/2 TL Salz
1 EL Dinkelgrieß.......................... kann man auch weglas-
1 TL Dattelkkraut sen
50 ml Sahne

Wichtig bei diesem Rezept ist das Kokosmark: Es gibt Dosen, bei denen Zucker zugesetzt ist, und Dosen, in denen nur Kokosnuß ist. Natürlich verwenden wir zweitere! Finden kann man die vor allem in Asien-Shops.
Ebenfalls ein Gemüse, bei dem die Soße gleich mitentsteht. Also etwas für die schnelle Werktags-Küche. Und eine echte Alternative zu den fettriefenden, griechischen Auberginen!
Wenn ihr den Dinkelgrieß weglaßt, wird die Soße flüssiger, was ich bei saugfähigen Gerichten, wie zum Beispiel Reis, gut finde.

Anleitung:

Das Fett in einem Topf erhitzen und das Cucuma und den Curry darin anrösten.

Währenddessen die Auberginen in ca. 2 cm große Würfel schneiden und ebenfalls in den Topf werfen und anbraten.

Dann die Kokosmilch dazuschütten und das Ganze auf kleiner Flamme garen lassen. Gegen Ende das Dattelkraut und den Grieß einrühren.

Faule Bratkartoffel

Zutaten für 4 Personen:

1 Kg Kartoffel,
  vorwiegend festkochend
Ghee
Salz
Pfeffer
1 TL Koriander
1 Messerspitze Kümmel
1 EL Gomasio

Natürlich bezieht sich das Wort "faul" in dieser Überschrift nicht auf die Kartoffeln, sondern auf den Koch, der dieses Rezept verwirklicht. Ich habe es bereits aus meiner Zivi-Zeit, wo wir alles anders machten, als „wie es sich gehört". Wir hatten einfach „keinen Bock", unsere Bratkartoffeln immer vorzukochen.
Außerdem finde ich, daß man bei herkömmlichen Bratkartoffeln nur die Zwiebeln und das Fett schmeckt. In dieser Version kommt auch das erdige Aroma guter Kartoffeln zur Geltung.
Ein Rezept, mit dem man, vielleicht in Kombination mit einem Salat, seine hungrigen Mäuler ziemlich schnell ziemlich gut befriedigen kann.

Anleitung:

Die Kartoffeln schrubben und in 1 cm kleine Würfel schneiden. In einer Pfanne mit Ghee, Salz, Pfeffer, gemahlenem Koreander und dem Kümmel braten, bis sie glasig sind. Dann in eine feuerfeste Form geben und im vorgewärmten Ofen noch ca. 15 - 30 Minuten ziehen lassen. Mit Gomasio überstreuen und servieren!

Reiberdatschi

Zutaten für 4 Personen:

750 g biologische Kartoffeln,
   vorwiegend festkochend
250 g Pastinaken........................   oder Karotten
1 Bund Kerbel...........................   geht auch Petersilie
1 TL Salz
Pfeffer
½ Muskatnuß
Ghee

Ebenfalls ein schnelles Kartoffelgericht, vor allem, wenn man es für wenig Leute macht.

Die Geschmacksrichtung läßt sich natürlich wieder variieren: So mache ich oft eine herzhaftere Variante mit Liebstöckel und gemahlenem Koriander. Das Wurzelgemüse kann man durch feine Lauchringe ersetzen oder ganz weglassen.

Wenn ihr keine biologischen Kartoffeln findet, sondern konventionelle nehmt, müßt ihr diese natürlich schälen.

Als Gericht können die Reiberdatschi für sich stehen, vielleicht nur mit einem scharfen Sößchen im Salsa-Stil. Als Beilage eignen sich auch derbere Gerichte wie Sauerkraut und Kohlgemüse.

Anleitung:

Die Kartoffeln und die Pastinaken schrubben und mit einer groben Reibe raspeln. Den gehackten Kerbel, Salz, Pfeffer und die fein gemahlene Muskatnuß dazumischen und den so entstandenen Teig 10 Min. ziehen lassen.

Das Ghee in einer Pfanne erhitzen und immer 3 – 4 Fladen herausbraten. Die Bratzeit ist etwa 10 Min. auf beiden Seiten.

Sellerieschnitzel

Zutaten für 6 Personen:

1 große oder 2 mittlere
    Sellerieknollen
50 g Dinkelmehl
2 Eier
200 g Kokosflocken
Salz
Pfeffer
Kümmel
Ghee

Ein Rezept, das sich eignet, eingefleischte Schnitzelfresser zu
bekehren: Mich hat schon einmal einer meiner Gäste allen Ernstes
gefragt, was für ein Fleisch das wohl sei.
Wichtig für diese Täuschung ist, daß ihr eine milde Sellerieknolle
erwischt. Manche schmecken nämlich fast nussig, andere wiederum sehr bitter. Abhilfe schafft dann, wenn ihr die Selleriescheiben
in sehr viel Wasser kocht.

Anleitung:

Die Sellerieknollen nur fest schrubben, nicht schälen und den Strunk und den Stiel entfernen. Dann die Knollen in ca. 1,5 cm dicke Scheiben schneiden und in Salzwasser kochen, bis sie nicht mehr hart sind, aber auch noch nicht weich, "al dente" sozusagen.

Dann nochmals salzen und mit etwas gemahlenem Kümmel und Pfeffer bestreuen.

Jetzt in Mehl wenden, anschließend in den verquirlten Eiern. Trennkost-Puristen riechen natürlich sofort den Betrug: Dinkelmehl mit Ei ist keine Trennkost! Wenn ihr also gerade eine intensive Pilzkur macht, dann ersetzt die Eier mit einer Mischung aus Buchweizenmehl und kaltem Wasser, die ihr sorgfältig verrührt. Dann die Schnitzel noch beidseitig in den Kokosflocken wenden und in der Pfanne mit dem Ghee knusprig goldgelb braten. Erst danach sollen die Scheiben einigermaßen weich sein. Auch dieses Gericht läßt sich gut eine Weile im vorgewärmten Backofen bei 80 ° warmhalten.

Polenta-Titten

Zutaten für 12 Personen:

1 Kg Polenta (Maisgries)
¾ l Wasser
¼ l Joghurt............................ oder Molke
1 EL Salz
1 TL Pfeffer
12 Cocktailtomaten
100 g Butter

Eine Art, Polenta zu präsentieren, die Männerherzen höher schlagen läßt, die unsere tiefsten Sehnsüchte hervorlocken kann.
Diese Titten, die ich Marc verdanke, lassen sich mit Gemüsen aller Art kombinieren. Wichtig ist, daß man sie mit einer schmackhaften Soße kombiniert.

Anleitung:

Wasser, Joghurt und Salz in einem großen Topf erwärmen. Den Maisgrieß einrühren und das Ganze zum Kochen bringen. Dabei aufpassen, daß es nicht anbrennt, am besten ständig weiterrühren. Dann den Topf von der Kochstelle nehmen.

Ein Backblech mit etwas Butter einfetten. Aus der Polenta mit einem Schöpflöffel 12 Kugeln formen und auf das Backblech legen. Das Blech in den Ofen schieben und insgesamt ca. 1 Stunde backen. Nach 30 Min. auf jeden Hügel gefühlvoll eine Cocktailtomate drücken.

Wenn man das Ganze mit einer Soße kombiniert, sieht es super aus, wenn man etwas von der Soße auf das Blech schüttet.

Kürbisschnitzel

Zutaten für 6 Personen:

1 Kg Kürbis
Tamari
1 Bund Petersilie
Ghee

Wieder ein Gericht, das dafür geeignet ist, auch eingeschworene Fleischesser zu befriedigen.

Auch dieses Rezept ermöglicht wieder massenhaft Varianten: Statt Petersilie kann man ebensogut Basilikum, Estragon, Liebstöckl, Minze, Bohnenkraut oder sonstwas Grünes nehmen, oder Curry, Gelbwurz, Pfeffer, Garam Masallah, oder gar nichts. Statt des Tamaris geht auch gekörnte Brühe, oder einfach Salz. Statt Ghee geht auch Kokosfett oder Butter. Und alles schmeckt wieder anders! Statt des Kürbis geht auch ..., aber dann sind es keine Kürbisschnitzel mehr.

Eine weitere Variation ist, die Kürbisschnitzel noch, genau wie ihre Wiener Artgenossen, in Eipampe und dann in Dinkelbröseln zu wenden. Der kreative Koch mischt seine Kräuter dann in die Dinkelbrösel.

Anleitung:

Den Kürbis waschen und in ca. 1,5 cm dicke Scheiben schneiden. Die Kerne und eventuell die harte Schale entfernen. Dann die Scheiben im Tamari wenden, anschließend mit den gehackten Kräutern bestreuen. Gut ist, wenn ihr sie anschließend etwas liegen laßt, damit sie das Aroma der Zutaten annehmen.

Dann das Ghee in einer Pfanne erhitzen und die Schnitzel bei nicht zu starker Hitze herausbacken (ca. 7 Min. auf jeder Seite, je nach Kürbis).

Die Schnitzel sind fertig, wenn sie weich sind, aber natürlich noch nicht zerfallen.

Sahnekartoffel

Zutaten für 6 Personen:

2 Kg Kartoffel,
        vorwiegend festkochend
400 ml Sahne
400 ml Wasser
1 flacher EL Salz
1 Muskatnuß
weißer Pfeffer
getrockneter Rosmarin

Eine Methode, viele Kartoffelfans mit wenig Arbeit zu befriedigen. Und trotzdem steht dieses Rezept unserer deutschen Bratkartoffel in nichts nach, ja, es erweist sich ihr sogar an Feinheit und Aroma überlegen.

Ein weiterer Vorteil dieses Rezepts besteht darin, daß man die Hauptarbeit damit 1 Stunde vor dem Essen hat, so daß man hinterher Zeit für Salate und Gemüse hat, die frisch serviert gehören. Außerdem werden die Kartoffel eher noch besser, wenn man sie noch eine Weile bei ca. 90° warmhält.

Anleitung:

Wenn ihr biologische Kartoffel erwischt habt, braucht ihr sie nicht einmal zu schälen, sondern nur gründlich waschen und in ca. 5 mm dicke Scheiben schneiden.

Dann die Kartoffelscheiben auf ein tiefes Backblech in Reihen legen, und zwar so, daß die Scheiben schräg aneinander lehnen. Dann mit Salz, Pfeffer und mit dem fein gemahlenen oder zerstampften Rosmarin bestreuen.

Das Wasser und die Sahne mischen und über das Ganze schütten.

Dann das Blech in den auf ca. 180° vorgeheizten Backofen schieben. Nach einer halben Stunde die fein geriebene Muskatnuß darüberstreuen, nach ca. einer Stunde ist der Schmaus fertig (was ihr natürlich durch eine Kostprobe sicherstellen müßt). Dann noch den Paprika darüberstreuen.

Sesamkartoffel

Zutaten für 6 - 8 Personen:

2 Kg Kartoffel,
    vorwiegend festkochend
100 g Sesam
Salz
Pfeffer
½ Muskatnuß
Kokosfett
½ Bund Petersilie
Olivenöl

Eine Möglichkeit, die Kartoffel in den Status der Hauptspeise zu erheben!
Das Rezept eignet sich auch für viele Gäste.
Sehr harmonisch wirkt das Ganze mit Paprika- oder Auberginen-gemüse und einer herzhaften Sauce.

Anleitung:

Die gewaschenen Kartoffeln in Salzwasser kochen, allerdings nur so lange, daß sie noch fest sind. Währenddessen den Sesam in einer Pfanne anrösten (siehe: S. 59). -

Dann die heißen Kartoffeln schälen und in große Würfel schneiden. Ein Backblech <u>auf</u> den Herd stellen und das Kokosfett schmelzen lassen. Die Kartoffeln auf das Blech geben, salzen und pfeffern und unter ständigem Umschichten rösten. Dann den Sesam, die fein geriebene Muskatnuß und die gehackte Petersilie dazugeben.

Am Schluß noch einen kräftigen Schuß Olivenöl druntermischen und im Backrohr bei 100° warmstellen.

Rosenkohl à la Buddha

Zutaten für 4 Personen:

500 – 700 g Rosenkohl............. es gehen auch
ca. 200 g Kichererbsenmehl Broccoliröschen
1 TL Salz
1 TL Kreuzkümmel
1 TL Koreander
½ TL Pfeffer
1 Kg Ghee

Ein Highlight unserer Festtags-Küche!
Braucht eine kleine Soße ebenfalls mit indischem Touch, noch ein
farbenfrohes Gemüse dazu, und schon ist's Weihnachten und Os-
tern auf einmal, zumindest auf dem Tisch!

Anleitung:

Den Rosenkohl putzen.
Die Gewürze mahlen und mit dem Mehl und dem Salz vermischen. Dann soviel Wasser mit dem Schneebesen einrühren, daß sich eine zähflüssige Paste ergibt, die sowohl etwas versalzen als auch überwürzt schmecken sollte, da sich die Gewürze dann auch auf den Rosenkohl verteilen werden.

Das Ghee in einem Topf erhitzen, so, daß ein hineingeworfener Tropfen der Paste Bläschen bildet. Das Ghee darf allerdings auf keinen Fall rauchen, dann ist es zu heiß. Wenn die ersten Rauchwölkchen aufsteigen, sofort von der Kochstelle nehmen.

Dann ein paar Röschen in die Paste tauchen und im Ghee frittieren. Nach ca. 5 Minuten sollten sie goldgelb sein. Dann mit einem gelochten Löffel herausnehmen, warmhalten und die nächsten frittieren. Wichtig ist, die gerade fertigen Röschen noch auf einem Küchentuch oder einem Sieb abtropfen zu lassen. Dann schmeckt's nicht nur gut, sondern ist auch bekömmlich.

Pfannkuchen

Zutaten für 4 Personen:

200 g Dinkelmehl
100 g Buchweizenmehl
ca. 0,6 l Milch
1 Prise Salz
Ghee.. oder Kokosfett oder Butter

Jeder weiß, daß Geld nicht glücklich macht, doch ich weiß, daß Pfannkuchen das durchaus können. Ich muß nur meiner Tochter Laura welche machen, und schon tanzt und jubelt sie vor Freude. Das macht mich dann auch gleich ein bißchen glücklich. Also: Pfannkuchen machen glücklich!

Meine Trennkost-Pfannkuchen gehen ohne Eier und schmecken mindestens genauso gut. Binden tun sie vor allem durch den Buchweizen. Als ich allerdings das Rezept für dieses Buch ausprobierte, vergaß ich den Buchweizen, und ich bemerkte es erst, als wir die gelungenen Pfannkuchen schon verspeist hatten. (Es bindet aber nicht jedes Dinkelmehl gleich gut, also hätte das auch ins Auge gehen können.)
Auch sonst habe ich schon sehr viele Variationen dieses Rezepts ausprobiert: Pfannkuchen ohne Dinkel, nur aus Buchweizen schmeckten ebenfalls super.
Oder: 1/3 der Milch durch Bier ersetzen; ein Trick meiner Schwiegermutter: Dadurch werden sie lockerer und deftiger, aber etwas weniger fein.
Oder: Die Milch durch 1/3 Sahne und 2/3 Wasser ersetzen. Um sie wiederum aufzulockern nehme ich dann Mineralwasser mit Kohlensäure.

Wichtig für die Pfannkuchen ist die Pfanne: Obwohl ich vieles ausprobiert habe, bin ich doch wieder auf Teflonpfannen zurückgekommen. Mit denen geht´s einfach am besten.

Eine weitere Variation ist das Herausbacken von drei oder vier kleinen Pfannkuchen in einer Pfanne. Dann nehme ich einen großen Eßlöffel pro Stück.

Überhaupt sind Pfannkuchen äußerst vielseitig: Sie passen zu fast jeder Soße, sind eine Delikatesse mit Spinatgemüsen, Pilzen, einfach mit Marmelade oder Birnenkraut, und als Nachspeise, eventuell in der kleinen Ausführung, harmonieren sie mit jeder von mir vorgestellten süßen Soße.

Anleitung:

Das Mehl und das Salz mit einem Schneebesen mit der Milch verrühren, bis ein ziemlich dünnflüssiger Teig entsteht. Bedenkt dabei, daß das Mehl noch quillt und der Teig von alleine dicker wird. Die Konsistenz stimmt, wenn sich der Teig gerade noch nur durch Schräghalten der Pfanne verteilen läßt.
Dann also das Ghee in der Pfanne erhitzen und immer einen kleinen Schöpflöffel Teig zu einem Pfannkuchen ausbacken. Wenn er an den Rändern goldgelb ist, wenden. Die Bratzeit ist auf der zweiten Seite kürzer. Ist er dann fertig, kann man ihn im Backofen bei 80° warmhalten.

Rührei

Zutaten für 4 Personen:

8 – 10 Eier
ca. 200 g Auberginen............... oder Zuchini
Butter
1 Bund Petersilie
50 ml Sahne
50 g Kaskaval (Käse)............... oder anderen Käse
½ TL Salz
1 gestrichener TL Cucuma
½ gestrichener TL Paprika
1 Messerspitze Paprikapulver

Dieses Rezept macht aus einem Verlegenheitsessen eine wasch-
echte Eiweiß- Hauptspeise. Sie läßt sich gut zu Gemüsen aller Art
kombinieren, besonders mit Auberginen, Karotten und Paprika.
Eier sind sehr konzentrierte Eiweißlieferanten. Gerade bei Er-
schöpfungszuständen können sie dem Körper schnell bei der Re-
generation helfen. Wichtig ist hier die Frische und Qualität der
Eier.

Anleitung:

Die Auberginen in einem Topf mit Butter anbraten. Währenddessen die Eier mit der Sahne und dem Salz verquirlen.
Dann die Eiermischung in den Topf geben und ständig mit dem Kochlöffel vom Topfboden abheben, bis die Mischung fest ist.
Curry und Cucuma dazumischen und alles in eine feuerfeste Form geben.
Den Käse in dünne Scheiben schneiden, darüberlegen und mit Paprika bestreuen. Dann das Ganze bei 150° im vorgeheizten Ofen ca. 10 Min. überbacken. Der Käse sollte schmelzen, aber nicht braun werden.

Fenchel mit Schafskäse

Zutaten für 6 Personen:

3 Fenchelknollen
1 EL gekörnte Gemüsebrühe
1 - 2 Zitronen
Cayenne-Pfeffer
Ca. 500 g Schafskäse
Paprikagewürz

Dieses Gericht lebt nicht nur von seinem Geschmack, sondern auch von der skurilen Schönheit der Fenchelknolle. Man denkt unwillkürlich an eine Meeresfrüchte-Platte.

Dieses Rezept bildet seine eigene, interessante Soße.

Anleitung:

Die Fenchelknollen längs halbieren, also vom Strunk zu den Trieben so durchschneiden, daß sich zwei möglichst flache Teile ergeben.

Diese mit der Brühe in wenig Wasser dünsten, bis sie fast "al dente" sind. Herausnehmen und auf der Schnittseite pfeffern und mit Zitronensaft beträufeln.

Dann, mit der Schnittseite nach unten, auf ein Backblech legen und noch etwas Zitronensaft und einen Teil des Kochsudes ebenfalls darüberschütten.

Jetzt den Schafskäse in Scheiben schneiden und darüberlegen.
Dann bei 200° im Ofen überbacken, wobei der Schafskäse an einigen Stellen goldgelb werden darf.

Am Schluß noch eine Prise Paprika über den Käse streuen, auch wegen der Optik.

Am besten das ganze Blech auf den Tisch stellen, das schafft ein Gefühl der Fülle!

Auberginen mit Tofu

Zutaten für 5 Personen:

3 Päckchen Räuchertofu (je 250 g)
750 g Auberginen
Kokosfett
Salz
Pfeffer
Curry
0,5 l Wasser
1 EL Gemüsebrühe

Ein Gericht, das für sich stehen kann, das heißt, ihr braucht weder eine andere Beilage noch sonstwas dazu.
Natürlich kann man trotzdem ein anderes Gemüse wie Karotten oder Zuchini dazukombinieren.

Anleitung:

Den Tofu und die Auberginen in dünne Scheiben schneiden (0,5 – 1 cm). Die Auberginen salzen, pfeffern und in Kokosfett kurz scharf anbraten.

Dann immer eine Aubergine und eine Tofuscheibe hintereinander auf ein Blech schichten. Die Gemüsebrühe im erhitzten Wasser auflösen und einen Teil davon auf das Blech gießen.

Dann das Blech in den mit 150° vorgeheizten Backofen schieben. Nach einer halben Stunde auf 100° herunterdrehen und nochmals mit der Brühe übergießen. Garzeit insgesamt etwa 1 Stunde.

Selleriesoße

Zutaten für 4 Personen:

1 mittlere Sellerieknolle
etwas Butter
1 flacher TL Salz
¼ l Milch
2 EL Dinkelgrieß...................... kann auch Dinkelschrot
½ Muskatnuß oder feine Haferflocken
Pfeffer sein
½ Bund Petersilie

Eine sehr milde, feine Soße, die von der Süße der Milch, der Würze des Selleries und der Feinheit der Muskatnuß lebt. Sie paßt gut zu Reis, aber auch zu Pilzen oder feinen Gemüsen.

Wenn man diese Soße variieren will, kann man statt der Petersilie 200 g gehackte, angeröstete Haselnüsse dazugeben (siehe S. 59).

Anleitung:

Den Sellerie grob reiben, salzen und in etwas Butter anbraten, dann mit der Milch aufgießen und den Grieß mit dem Schneebesen einrühren, so, daß keine Klümpchen entstehen. Das ganze kurz aufkochen lassen, anschließend mindestens 15 Min. bei schwacher Hitze ziehen lassen. Ungefähr 10 Min. vor dem Servieren die Gewürze und die Petersilie dazugeben, damit sie Zeit haben, ihre Aromen zu entfalten, aber nicht ausdampfen.

Karottensoße

Zutaten für 4 Personen:

Etwa 750 g Karotten
¼ l Wasser
¼ l Milch
2 – 3 EL Dinkelgrieß.................. es geht auch Dinkelschrot
1 TL Gemüsebrühe................... kann auch Salz sein
1 Messerspitze Pfeffer
1 große Messerspitze Curry
1 kleine Zitrone
1 Stiel Melisse
1 Schuß Sahne

Eine volle, runde Soße, die vor allen Dingen zu den Sommerge-
müsen wie Auberginen, Tomaten, aber auch zu Kohlarten wie
Broccoli paßt. Ein Schmaus für Gaumen und Augen.

Anleitung:

Die Karotten im Wasser mit dem Salz kochen, dann mit der Hand oder einem Pürierstab oder Mixer pürieren.

Anschließend den Dinkelgrieß, die Milch, die Gewürze und die fein gehackte Melisse dazugeben. Am Schluß mit der Sahne abrunden.

Kräutersoße

Zutaten für 6 Personen:

1 Lauchstange
1 EL Kokosfett
1 Bund Petersilie
1 kleiner Bund Liebstöckel
1 Bund Kerbel
1 Bund Dill
3 – 4 Salbeiblätter
½ TL Salz
weißer Pfeffer
¾ l Milch
½ l Wasser
¼ l Sahne
5 EL Grieß
½ Zitrone

Eine Soße, die die sommerliche Gartenfrische direkt zu den Geschmacksnerven bringt.
Ihr habt natürlich wieder jede Menge Variationsmöglichkeiten: Statt der angegebenen Kräuter eher die mediterrane Variante mit Thymian, Estragon, ebenfalls Salbei und eventuell sogar Lavendel. Oder die Italienische: nur mit einem Haufen Basilikum.
Diese Soße paßt zu ziemlich allem: Sowohl zu Knödeln als auch zu Kartoffelbrei, zu Nudeln oder zu Reis.

Anleitung:

Den Lauch waschen, fein schneiden, salzen und im Kokosfett langsam glasig braten. Die Kräuter waschen und fein schneiden.
Wenn der Lauch schön glasig ist, das Ganze mit der Milch aufgießen, die Kräuter und das restliche Salz und Pfeffer dazugeben und kurz aufkochen. Dann mindestens eine halbe Stunde ziehen, aber nicht kochen lassen. Jetzt den Grieß einrühren und nochmal kurz aufkochen.
Am Schluß noch mit etwas Zitronensaft und der Sahne verfeinern.

Kürbissoße

Zutaten für 4 Personen:

Ca. 750 g Kürbis
¼ l Wasser
Ca. 5 EL Dinkelgrieß .... kann auch Dinkelschrot
200 g Joghurt sein
1 EL Gemüsebrühe .... oder 1 TL Salz
1 Messerspitze Pfeffer
½ Bund Petersilie
3 EL Sauerrahm
1 kleine Zitrone
½ TL Curry .... Anstatt dieser drei Ge
½ TL Cucuma würze kann man auch
½ TL Zitronengraspulver eine andere Geschmacksrichtung mit Maggikraut
einschlagen

Diese Soße ist sehr vielseitig: Sie läßt sich zu Hirse, zu Reis oder
Nudeln kombinieren. Aber im Einklang mit Pfannkuchen läuft sie
zu Höchstform auf!
Ich mache diese Soße hauptsächlich mit zwei Geschmacksrich-
tungen: mit indisch-exotischem Einschlag oder mit Maggikraut,
was man noch am ehesten der neuen Öko-Küche zuordnen könnte. Aber es sind noch zahlreiche andere Variationen möglich, zum
Beispiel mit Koreander. Ein weites Feld für eure eigenen Kreationen tut sich auf!

Anleitung:

Den Kürbis waschen, Kerne und Schale nur dann entfernen, wenn sie zu hart sind, und in Scheiben schneiden.

Den Kürbis mit dem Wasser, dem Joghurt und der Brühe so lange köcheln, bis er weich ist. (ca. 10 min. reine Kochzeit.) Währenddessen die Kräuter waschen und hacken und die Zitrone auspressen.

Dann den Kürbis entweder mit der Hand, mit einem Pürierstab oder im Mixer pürieren und den Grieß so mit einem Schneebesen einrühren, daß keine Klümpchen entstehen.

Anschließend die Gewürze bzw. Kräuter und die Zitrone hinzugeben und noch ca. 15 min. auf sehr kleiner Flamme ziehen, aber nicht mehr kochen lassen. Am Schluß noch den Sauerrahm dazugeben.

Indische Tomatensoße

Zutaten für 4 Personen:

1 Kg Tomaten, frisch oder eingemacht
2 EL Ghee
1 TL Kreuzkümmel
1 TL Koriander
½ gestr. TL Curry
½ TL Salz
2 EL Dinkelgrieß
2 EL Sauerrahm

Das typisch indische an dieser Soße ist nicht nur der Geschmack, sondern auch die Zubereitungsweise: Die Gewürze werden gleich am Anfang angeröstet. Die Gefahr dabei ist, daß man die Gewürze gleich am Anfang verbrennt, was ihnen natürlich jeden Eigengeschmack nimmt. Also: Vorsicht, lieber etwas zu wenig als zu viel!

Wenn ihr Tomatenmark verwenden wollt, müßt ihr dieses natürlich wieder bis zu seiner urprünglichen Konsistenz verlängern, ihr nehmt also zum Beispiel 1/3 l Tomatenmark mit 2/3 l Wasser. Den Sauerrahm am Schluß könnt ihr durch einen Schuß Öl ersetzen, zum Beispiel Sesamöl.

Kombinieren läßt sich diese Soße optimal mit dem frittierten Rosenkohl auf S. 126. Als klassische Beilage bewährt sich Basmati-Reis, aber auch Linsencurry oder irgendwelche Fladenbrote kommen gut.

Anleitung:

Das Ghee in einem Topf erwärmen und die gemahlenen Gewürze unter ständigem Rühren darin anrösten. Nicht zu stark erhitzen. Sobald es irgendwie raucht, war es zu viel. Es muß ein intensiver, "butterartiger" Geruch der Gewürze aufsteigen. Dann die Tomaten oder das verlängerte Tomatenmark dazuschütten, salzen, das Ganze zum Kochen bringen und eine Weile sanft vor sich hin köcheln lassen.

Den Grieß einrühren und noch etwas weiter köcheln lassen. Unmittelbar vor dem Servieren den Sauerrahm einrühren.

Pilzsoße

Zutaten für 4 Personen:

Pilze, mindestens einen, höchstens 1 Kg
1 mittlere Lauchstange
1 TL Ghee
½ l Milch
1 TL Brühe
100 ml Sahne
½ geriebene Muskatnuß
schwarzer Pfeffer
etwas Zitronensaft

In meinem Repertoire ist diese Soße ein Klassiker. Sie schafft es, das Aroma weniger Pilze hervorragend zur Geltung zu bringen. Selbst, als ich sie einmal ohne Pilze machte, wurde sie noch einwandfrei als Pilzsoße identifiziert. Am besten ist sie jedoch mit frischen Misch- oder Steinpilzen.

Kombinieren solltet ihr diese Soße mit milden, nicht aufdringlich schmeckenden Kohlehydraten wie Hirse, Reis, Quinoa oder natürlich Knödeln.

Anleitung:

Den Lauch waschen, in feine Ringe schneiden und in einem Topf mit dickem Boden mit dem Ghee schonend anbraten, bis er richtig glasig ist.

Die Pilze reinigen, in feine Stücke schneiden und ebenfalls schonend mit anbraten. Jetzt auch die Gemüsebrühe dazugeben.

Wenn die Pilze durch sind und schon ihren Geruch verbreiten, löscht ihr das Ganze mit der Hälfte der Sahne und eventuell etwas Milch ab. Bei schwacher Hitze weiterköcheln lassen. Dann nach und nach die restliche Milch dazugeben und die Hitze so regeln, daß die Soße gerade noch nicht kocht.

Dann den Grieß einrühren (mit dem Schneebesen), und weiter ziehen lassen.

10 Min. vor dem Essen die Muskatnuß, die gehackte Petersilie und den Pfeffer dazugeben. Mit der restlichen Sahne und eventuell einem Spritzer Zitronensaft abrunden.

Vanillesauce

Zutaten für 4 Personen:

650 ml Milch
1 Tüte Vanille-Puddingpulver
1 Vanilleschote.......................... oder echtes Vanille-
1 TL Dattelkraut Pulver
1 TL Honig

Eine schnelle süße Soße, die sich mit Grießschnitten, aber auch mit Pfannkuchen, Dampfnudeln, Schokopudding oder gekauften Schoko-Dinkelkeksen kombinieren läßt.

Pate bei dieser Soße stand ein Mißgeschick: Mein Pudding wurde nicht richtig fest, da ich mich irgendwie mit der Milch vermessen hatte. Also gab es nicht, wie geplant, zweierlei Pudding, sondern Schokopudding mit Vanillesoße, was mir dann als tolle Idee angerechnet wurde.

Anleitung:

½ l Milch mit der längs aufgeschnittenen Vanilleschote zum Kochen bringen. In den Rest der Milch erst das Puddingpulver, dann den Honig und das Dattelkraut einrühren.
Wenn die Milch kocht, die Puddingpulver-Mischung hineinrühren und unter ständigem Rühren noch mal zum Kochen bringen.
Am Schluß noch die Vanilleschote rausfischen. (Bei Vanillepulver natürlich unnötig.)

Diese Soße kann kalt oder warm serviert werden.

Grießschnitten

Zutaten für 4 Personen:

200 g Grieß
0,5 l Milch
50 g Butter
200 g Rosinen
1 Prise Salz
2 –3 Hülsen Kardamon
½ Eierlöffel Curry
1 TL Honig

Eine Leckerei, die sich einerseits mit den süßen Soßen kombinieren läßt, die aber andererseits auch für sich schmeckt!
Wichtig ist die Auswahl der Rosinen: Sie sollten mehr süß als sauer schmecken.
Der Vorteil dieser Nachspeise ist, daß man sie im voraus machen kann und dann beim Kochen den Kopf für andere Gänge frei hat.

Anleitung:

Die Hälfte der Rosinen mit etwas Milch und mit einem EL Grieß vermischen und im Mixer pürieren. Wenn ihr keinen Mixer habt, dann hackt die Rosinen einfach klein.

Die Butter in einem Topf schmelzen und den fein gemahlenen Kardamon und den Zimt darin anrösten. Dann den restlichen Grieß dazugeben und ebenfalls damit rösten. Alles gut umrühren, Achtung, Anbrenngefahr! Wenn der Grieß geröstet, aber noch nicht "brenzlig" riecht, vom Herd nehmen und etwas abkühlen lassen.

Jetzt die restliche Milch, die restlichen Rosinen und die Rosinenmilch unter ständigem Rühren dazugeben, ebenso die Prise Salz.
Den Topf wieder auf den Herd stellen und bei beständigem Weiterrühren die Mischung zum Kochen bringen. Es sollte sich dadurch ein zäher Grießbrei ergeben.

Dann den Brei in einer großen ebenen Schale oder auf einem Backblech flach verteilen und zum Abkühlen und Trocknen ein paar Stunden oder sogar über Nacht stehen lassen. Zum Servieren kann man lauter quadratische, rautenförmige oder vogelwilde Schnitten machen.

Schokocreme

Zutaten für 4 Personen:

200 ml Sahne
200 ml Joghurt
1 EL guter Kakao
2 EL Dattelkraut

Mit ganzen 4 Zutaten kommt diese Leckerei aus! Sie eignet sich hervorragend für verschiedenste Kombinationen: Man kann sie zu kleinen Pfannkuchen reichen, zu Kuchen, zu einem Stück Zwieback, oder auch zu Trockenfrüchten oder zu einem Stück Kokosnuß.

Das Ganze steht und fällt mit der Auswahl des Kakaos: Die biologischen Sorten, die ich kenne, schmecken alle nach Hundefutter. Meine Lieblingssorte steht im Supermarkt: Bernsdorp. Da ich diese Creme nur ab und zu mache, nehme ich ausnahmsweise eine nicht-biologische Zutat in Kauf. Wichtig ist auch, daß der Kakao weder im Geschäft noch bei euch zu lange rumsteht, dann ist es nämlich mit dem Aroma vorbei.

Wenn jemand von Euch einen guten, aromatischen Bio-Kakao findet, wäre es toll, wenn er mich das wissen ließe.

Anleitung:

Die gekühlte Sahne in eine Rührschüssel geben. Zuerst den Kakao, dann das Dattelkraut daruntermischen. Erst jetzt die ganze Mischung steif schlagen, und zwar so, daß es eine relativ feste Konsistenz ergibt. Aber natürlich darf die Sahne dabei nicht buttern!

Am Schluß mit einem großen Löffel den Joghurt daruntermischen. Das Ganze muß keine homogene Masse werden, es sieht besser aus, wenn man in der braunen Sahne noch die weißen Joghurt-Flocken sehen kann. Außerdem besteht dann die Gefahr nicht, daß es "Matsche" wird. (Obwohl das am Geschmack nichts ändern würde.)

Heiße Bananen

Zutaten für 4 Personen:

2 große Bananen,
     nicht zu reif.................... können natürlich auch
Butter   4 Kleine sein
Curry

Eine schnelle, einfache Spezialität, mit der man "deutsche Haus-mannsköstler" immer wieder in Erstaunen versetzt.

Eine ideale Ergänzung für diese Bananen ist die Kokossoße von den "schwimmenden Maroni". Aber auch für sich, oder nur mit ein paar gemahlenen Haselnüssen bestreut, sind sie eine echte Delikatesse.

Anleitung:

Die Bananen vierteln, indem man sie einmal längs und einmal quer teilt.
Dann beidseitig mit dem Curry bestreuen und in einer Pfanne mit der Butter beidseitig goldgelb braten.

Schwimmende Maroni

Zutaten für 4 Personen:

20 schöne Eßkastanien
1 Dose Kokosmark (400 ml)
1 TL Dinkelmehl
1 TL Dattelkraut
1 TL Honig
1 gute Messerspitze Curry
1 gute Messerspitze Zimt
1 Schuß Sahne

Bei einer Nachspeise macht es nicht die Menge aus, sondern das Erlebnis! Denn ich gehe davon aus, daß man nach einer guten Hauptspeise eigentlich schon satt ist.

Wichtig bei diesem Rezept ist das Kokosmark: Es gibt Dosen, bei denen Zucker zugesetzt ist, und Dosen, in denen nur Kokosnuß ist. Natürlich verwenden wir zweitere! Finden kann man die vor allem in Asien-Shops.

Anleitung:

Die Maroni oben kreuzweise einschneiden und in wenig Wasser weichkochen, was ca. 10 – 15 Minuten dauert.

Das Kokosmark in einen Topf geben, das Dinkelmehl einrühren und erwärmen, nicht kochen. Sinn des Dinkelmehls ist nicht, daß aus der Soße ein Brei wird, sondern nur, daß sie nicht gerinnt. Dann die Gewürze, den Honig und das Dattelkraut dazumischen und noch eine Weile bei kleiner Hitze ziehen lassen.

Vor dem Servieren die Maroni schälen, mit der Kokossoße überschütten und für's Auge noch eine Prise Curry drüberstreuen,.

Pleyadische Fruchtschnítten

Zutaten für 4 Personen:

150 g getrocknete Aprikosen
150 g Rosinen
300 ml Wasser
1 TL Fenchelsamen
½ Eierlöffel Curry
ca. 5 Nelken
100 g Dinkel-Grieß

Soße:
4 süße Orangen
1 TL Honig
1 TL Dattelkraut
1 TL Cacao (siehe "Schokocreme")
1 EL feines Dinkelmehl
100 ml Sahne

Eine etwas aufwendigere, aber total interessante Kombination. Wenn ihr einfach die doppelte oder dreifache Menge pro Person macht, könnt ihr das Ganze als komplettes Mittagessen "verkaufen".

Anleitung:

Die Trockenfrüchte mit den gemahlenen Gewürzen und dem Wasser in einem Topf zum Kochen bringen und so lange köcheln, bis alles ziemlich dickflüssig ist. Dann den Grieß einrühren und nochmals aufkochen. Anschließend in einer flachen Schale ausstreichen und abkühlen lassen.

Soße: Das Mehl mit etwas Wasser mischen und kurz aufkochen. Dann diesen zähen Brei wieder abkühlen lassen. Die Orangen auspressen und den Saft dazuschütten.
Dann Honig, Dattelkraut und Sahne dazugeben und mit einem Schneebesen gut verrühren.

Die Cashew-Kerne anrösten (siehe S. 59) und beim Servieren darüberstreuen.

Pflaumenkuchen

Zutaten für 1 Blech:

1-1,5 Kg Pflaumen
550 g Volllorn-Dinkelmehl
250 g Butter
½ Bio-Zitrone
200 g Birnenkraut
100 g Rosinen
1 Messerspitze gemahlene Nelken

Deckcreme:

100 g Dattelkraut
150 g Sauerrahm
150 g Joghurt

Ein schneller, aber dennoch himmlischer Blechkuchen, bei dem der Boden einfach ein Mürbteig ohne Zucker und Treibmittel ist. Und ihr werdet staunen, wie der auf der Zunge zergeht, und dennoch auch reifes, fast matschiges Obst verträgt.

Der Belag muß natürlich nicht unbedingt aus Pflaumen bestehen, es gehen auch Äpfel, Birnen, Pfirsiche, Kirschen, ja selbst mit eingeweichten oder kurz aufgekochten Trockenfrüchten haut er hin.

Auch mit den Gewürzen könnt ihr spielen: Es gehen auch Zimt, Anis, ja sogar Curry, Cardamon oder Pfeffer. Die Deckcreme kann man ebenfalls weglassen.

Und noch ein Vorteil dieses Kuchens: Man braucht keine Küchenmaschine. Schont die Ohren und verursacht wenig Abwasch.

Anleitung:

Das Mehl, das Dattelkraut, die abgeriebene Schale der Zitrone, und bis auf eine kleine Ecke die in Scheiben geschnittene Butter in eine Schüssel geben und mit den Händen durchkneten, bis eine homogene Teigmischung entsteht.
Das Backblech mit dem Butterrest einfetten, dann den Teig direkt auf dem Blech auswalzen oder flach drücken.
Dann die Pflaumen einmal längs aufschneiden, den Kern entnehmen und in Reihen, die sich etwas überlappen, auf dem Teigboden auslegen. Die Schale sollte nach unten zeigen, damit der Saft mehr in der Frucht bleibt.
Jetzt die Rosinen und das Nelkenpulver drüberstreuen.
Für die Soße Sauerrahm, Joghurt und Dattelkraut verrühren. Es kann durchaus noch eine klumpige Mischung bleiben. Diese Mischung dann mit einem kleinen Löffel auf den Kuchen kleksen.

Popcorn

Zutaten für 1 Ladung:

2 – 3 EL Kokosfett
50 g Popcornmais
Salz

Eine Freude für jedes Fest, von der Taufe über den Kindergeburtstag bis zu Hochzeit und Beerdigung. Man kann es nur für sich servieren, oder mit Salat, mit Gemüse-Rohkost, und alle werden sich freuen.

Anleitung:

In einem großen, soliden Topf das Fett erhitzen und den Mais am Boden verteilen. Es sollten keine Körner übereinander liegen. Dann mit Deckel weitererhitzen. Wenn es anfängt zu poppen, dann den Topf, mit geschlossenem Deckel öfters hin- und herschwenken. Wenn es fast nicht mehr poppt, den Topf vom Herd nehmen, das Popcorn in eine Schüssel geben und salzen.

Wichtig ist noch, sehr achtsam mit dem Topf umzugehen, da er sehr viel heißer wird als beim normalen Kochen. Außerdem solltet ihr ihn langsam ahkühlen lassen, beim gewaltsamen Abschrecken mit Wasser ruiniert ihr den Topfboden.

Joghurt

Zutaten für gut 3 l:

3 l frische Kuhmilch
0,25 l Joghurt oder Joghurtkultur

Ich habe immer Joghurt auf Vorrat zu Hause: Es schmeckt so, wie es ist, bildet eine gute, fettarme Grundlage für Salatdressings und Dipps, und ich mische es häufig in das Kochwasser von Gemüsen oder bestimmten Kohlehydraten wie Polenta, Hirse oder Quinoa.
Joghurt selbst zu machen hat einige Vorteile: Es ist wesentlich günstiger, und man kann die Kulturen verwenden, die man am liebsten mag.

Im Handel gibt es sogenannte Joghurtmaschinen. Die sind nichts anderes als kleine, elekrtisch beheizte Kammern. Ich finde das reine Energieverschwendung, denn den gleichen Effekt kann man mit Wärmeisolation zum Nulltarif haben, indem man die Joghurtgläser warm in eine Decke einwickelt und neben die Heizung, oder im Sommer an einen sonnigen Platz stellt.
Wir haben für diesen Zweck eine Joghurtkiste: Einfach eine Holzbox mit gut schließendem Deckel, die innen mit 2 cm Styropor ausgekleidet ist.

Anleitung:

Die Milch in einem Topf zum Kochen bringen. Inzwischen die Gläser, in die der Joghurt hinein soll, sorgfältig reinigen. Die aufgekochte Milch wieder abkühlen lassen bis 36°. Dann den vorhandenen Joghurt hineinrühren (man nennt diesen Vorgang auch "impfen"), so daß sich die Joghurtkulturen des vorhandenen Joghurts in der Milch vermehren können und diese ebenfalls in Joghurt umwandeln. Die Gläser mit kochendem Wasser ausspülen, damit sie desinfiziert und vorgewärmt sind, denn das Joghurt muß die Temperatur von 36° mindestens 10 Stunden halten. Zu diesem Zwecke die abgedeckten Gläser in eine Decke einwickeln und an einen warmen, aber nicht heißen Ort stellen. Am nächsten Tag das fertige Joghurt kühl stellen. Dann bereits ein Gläschen zur Seite stellen, um die nächste Runde zu impfen.

Ihr könnt mit der Impf-Temperatur experimentieren: wenn ihr diese ein paar Grade höher habt, wird das Joghurt milder, aber auch flüssiger.

Wichtig ist beim Joghurtmachen höchste Reinlichkeit, da die Milch sonst mit anderen Bakterien als denen der Milch reagiert. Das merkt ihr dann am Geschmack und der Konsistenz des Joghurts. Dann braucht ihr eine neue Joghurtkultur.

Brot

Zutaten für 2 Brote:

0,6 l Wasser
1 EL Backferment
1 kg Mehl oder Schrot (Dinkel, Roggen,
    Gerste, oder ein Gemisch aus Diesen.)
1 Teelöffel Salz
 Gewürze oder Ölsaaten nach Belieben wie Fenchel,
    Leinsamen, Koriander, Sonnenblumenkerne.

Sein eigenes Brot zu backen spart nicht nur Geld und macht Spaß, sondern es verleiht auch ein Gefühl von Unabhängigkeit. Man sorgt für sich selbst, ist nicht mehr von der täglichen Belieferung des Bäckers oder Supermarkts abhängig.

Anleitung:

Morgens:
lauwarmes Wasser mit Backferment vermischen.
600 g Mehl dazumischen, an einem warmen Ort bedeckt stehen-
lassen, sodaß die Oberfläche nicht antrocknet, also z.B. einen
Kochtopf mit Deckel verwenden.

Abends:
Vom Teig 1 Eßlöffel abnehmen und im Schraubglas im Kühlschrank aufheben. Das ist das Backferment für das nächste mal.

1 Teelöffel Salz zum Teig geben, das restliche Mehl, Schrot etc.
sowie die Gewürze und Ölsaaten dazumischen. Die Konsistenz
des Teiges darf von relativ weich bis zäh variieren, je nach Art,
Menge und Qualität des Mehls. Entsprechend variieren auch
Backzeit und Backtemperatur, je feuchter der Teig ist, desto niedriger die Temperatur und desto länger die Backzeit.
Alles in eine gefettete Brotform oder Topf (am besten Emaille,
natürlich ohne Holz- oder Plastikgriffe) geben, nochmals 15 Min.
an einem warmen Ort gehen lassen, und mit Deckel backen. Typi-
sche Backzeit für einen mitteldicken Mischteig ist: erst eine ¾
Stunde bei 250°, dann ½ Stunde bei 190°. Um eine schöne Kruste
zu erzielen, den Deckel in den letzten 20 Min. abheben.

Tip: Um ein typisches Sonnenblumen- oder Kürbiskernbrot zu
bekommen, kann man die Form nach dem Einfetten erst einmal
mit der betreffenden Ölsaat ausschwenken, so daß die Samen
überall an der Form kleben.

Nachwort

Dieses Buch zu schreiben hat mir genauso viel Freude gemacht, wie ein gutes Festmahl zuzubereiten. Ich hoffe, ich konnte euch mit dieser Freude anstecken, euch neue Impulse geben oder euch Mut zu eurer Kreativität machen.

Ich möchte mich an dieser Stelle bei meiner Frau Nina und bei meiner ganzen Familie bedanken, und zwar erstens dafür, daß sie mich dahin gebracht haben, dieses Buch überhaupt zu schreiben, zweitens dafür, daß sie immer ausführlich Stellung zu meinem Essen bezogen haben, und drittens dafür, daß sie meine sämtlichen "Arbeitsanfälle" mitmachen und immer wieder für mich einspringen.

Nach den Mittagessen der letzten Tage hörte ich immer wieder die Frage: "Hast Du das schon in Deinem Buch?" Habe ich natürlich nicht gehabt, zum Beispiel die Hokkaido-Kürbisse, die mit Eiern überbacken sind. Aber heute ist schon der 1. November, und wenn ich jeden Tag ein neues Rezept schreibe, wird das Buch hier logischerweise nie fertig. Also: Wenn ihr noch mehr Rezepte wollt, dann schreibt mir, dann werde ich beizeiten einen zweiten Band rausgeben.

Überhaupt: Ich bin euch für jede Rückmeldung sehr dankbar: Habt ihr überhaupt reingeschaut in dieses Buch? Konntet ihr damit etwas anfangen? Haben euch mehr die Rezepte interessiert, oder mehr der allgemeine Teil? Welche Ideen habt ihr noch? Mit was habt ihr Schwierigkeiten, wo sind noch Fragen offen? Schreibt mir! Hier meine Adresse:

Bei Drucklegung 10.09 lag uns leider keine aktuelle Adresse des Autors vor. Versuchen Sie es zu einem späteren Zeitpunkt beim Verlag, vielleicht ist inzwischen die Anschrift bekannt.